工学一体化教学模式下《景区讲解服务》课程教学改革研究

马伏英　徐　甜　徐　蜜 / 著

湘潭大学出版社
XIANGTAN UNIVERSITY PRESS

图书在版编目（CIP）数据

工学一体化教学模式下《景区讲解服务》课程教学改革研究 / 马伏英，徐甜，徐蜜著. -- 湘潭 ：湘潭大学出版社，2024. 6. -- ISBN 978-7-5687-1531-7
Ⅰ. G266
中国国家版本馆 CIP 数据核字第 2024P56A83 号

工学一体化教学模式下《景区讲解服务》课程教学改革研究

GONGXUE YITIHUA JIAOXUE MOSHI XIA《JINGQU JIANGJIE FUWU》KECHENG JIAOXUE GAIGE YANJIU

马伏英 徐甜 徐蜜 著

责任编辑： 张宝香
封面设计： 李 平
出版发行： 湘潭大学出版社
社 址： 湖南省湘潭大学工程训练大楼
电 话： 0731-58298960 0731-58298966（传真）
邮 编： 411105
网 址： http://press.xtu.edu.cn/
印 刷： 长沙印通印刷有限公司
经 销： 湖南省新华书店
开 本： 710 mm×1000 mm 1/16
印 张： 13.5
字 数： 235 千字
版 次： 2024 年 6 月第 1 版
印 次： 2024 年 6 月第 1 次印刷
书 号： ISBN 978-7-5687-1531-7
定 价： 58.00 元

目　录

第一章　工学一体化教学模式实施背景

第一节　技工院校工学一体化教学实施起源

一、技工教育办学宗旨

追溯技工教育办学历程，苏联在1920年出现了企业创办工厂艺徒学校，后逐步发展成为技工院校，到1984年统一归纳到了中等职业教育体系。在我国发展建设推进中，技工教育在清末就已萌芽，但成为一种较定型的教育类型并获得发展则是在中华人民共和国成立之后。1953年，根据第一个经济建设五年计划，特别是配合苏联援助的156项重点工程兴建的需要，在为失业工人举办转业技术训练班的基础上，各地区、各部门相继办起了一批技工学校。1955年，技工学校开始正式招录初中毕业生，学制以培养二年制的中级技工为主，采用理论授课和生产实习相结合的方式实施教育，生产实习实训作为办学考核的重要方面。随着国家的发展，经济体系建设对技能人才提出更多更高的要求，而技工教育作为职业教育体系中的重要组成部分，肩负起更多的使命任务，应运而生了一批以培养高级工为办学目标的高级技工学校，提升了技能型人才的培养质量。二十世纪九十年代后，随着科学技术不断发展进步，企业对人才培养质量和培养周期提出更高要求，技工学校不断顺应社会发展需求，逐步发展壮大，成立了一批可培养中级工、高级工及预备技师的技师学院，为社会输送高素质技能型人才。

因此，当代技工教育是随着产业经济发展，为满足行业企业发展需要的众多技能型人才，以培养符合行业、企业所需的高素质技能型人才为基本宗旨的一种教育形式。

二、工学一体化教学实施历程

（一）工学一体化教学实施内涵

工学一体化，是2022年人力资源和社会保障部在全国技工院校推行的培养模式，其实施内涵与技工教育发展过程中的核心宗旨一脉相承，即注重学习内容与企业工作内容对接，学习过程符合企业生产实际过程，将技能培养作为人才培养的关键。

工学一体化教学实施是指课程教学实施过程中，以企业生产实际为出发点，经过实地调研考察将工作内容转化为学习内容，将理论知识与工作实践结合，将知识体系与实际应用结合，以教学活动为实施载体，旨在培养学生的专业技能及综合职业素养。

工学一体化教学实施核心在于实践能力的培养。学生在一定的学习任务情境中学习，在教师的引导帮助下，学会将理论知识运用到既定的任务情境中来，利于学生更好地理解课程知识，培养学生具有解决实际问题的思维能力及创新精神，做到学以致用，知行合一。

工学一体化教学实施需要教师和学生的高度配合，对师生提出更高的要求和挑战，打破传统的“教师讲、学生听”的课堂教学模式。教师需要拥有充足的企业实践经验，依据企业岗位需求结合学生特征制定合理的学习内容，根据学习内容再划分具体的学习任务，创设与企业接近的学习情境。在教学实施中，教师需要精心设计教学过程，运用合适的教学策略引导学生积极参与到教学活动中来，提高学生的实践能力和创新思维。学生要想确保学习效果，则需要具备更好的自主学习能力，积极配合教师完成各项学习活动，认真参与思考讨论，主动发挥自我见解，用实践行动来提高自身动手实操、思考问题、沟通交流等方面的综合能力。

工学一体化教学实施对技工院校教学环境提出更高标准要求。学校需要提供良好的学习环境，先进的实习实训设备，充足的实践耗材，加强校企深度合作，为学生提供更多的实践机会，促使学生与社会融合。

（二）工学一体化教学推进历程

2009年起，人力资源和社会保障部以广东省等沿海发展城市为改革试点，以机械类、制造类、电子类等领域专业为试点领域，选取部分技工院校分三批试点开展了一体化课程教学改革工作。参与改革试点的专业有31个，努力推进改革试点的院校有 191 所，经过十余年的探索与努力，改革取得了良好的成效，教学效果得到了教师、学生、家长的一致好评，人才培养质量也得到用人单位的高度认可。这一务实举措成为技工院校推进校企合作、提高办学质量的驱动力，成为做强做优专业建设的良好契机，成为服务地方经济发展的重要力量，进一步夯实了技工教育在我国职业教育体系中的地位和作用。

2022 年 3 月，在前期基础上，为在全国范围内推广一体化课程教学改革，人力资源和社会保障部印发了《推进技工院校工学一体化技能人才培养模式实施方案》。以一体化课程教学改革试点工作为基础，以技师学院为重点，在全国技工院校大力推进工学一体化培养模式。加强工学一体化课程标准、教学资源、教师培养工作，将企业典型工作任务转换为学校教学内容，根据工作过程设计教育过程，实现“在工作中学习、在学习中工作”。通过工学一体化教学改革实施，促进教学质量提升，实现思想政治教育、知识传授、技能培养融合统一，持续推动技工院校内涵式发展和特色发展。

2022 年 8 月，人力资源和社会保障部确定 363 所申报第一阶段 31 个建设专业的技工院校为工学一体化第一阶段建设院校，要求严格按照建设要求，充分发挥各院校的教科研资源和实力，统筹各方力量，不断提高专业及课程内涵建设，做好工学一体化教学实施、师资建设、教材选用、技能训练等工作，进一步务实推进政策文件精神。

2022 年 11 月，为提高工学一体化教学改革质量，提升技工院校教师对工学一体化教学的理解和实施成效，人力资源和社会保障部确定了 50 所技工院校为工学一体化教师培训基地（2022—2025），统筹规划工学一体化教师培训活动，支持工学一体化教师培训基地开展工学一体化教师培训，鼓励教师积极参与培训学习，提高改革工作过程的软实力。

（三）工学一体化教学实施内驱力

1. 满足当代社会对人才的需求

随着互联网、信息技术、人工智能等发展进步，新时代产业经济背景下对技能型人才的需求提出更高要求。随着世界技能大赛的不断实施，我国在世界领域取得的成绩瞩目可见，再加上国家对职业教育系列政策的实施推进，更多的人愿意参与到专业技能学习中来。具体来说，当代高素质技能型人才必须具有以下综合职业能力。

（1）专业能力

技工院校作为技术工人的培育基地，输送的人才必须具备扎实的专业实操技能，才能真正解决企业对人才的需求。要提高学生的专业实践能力，在课程教学实施过程中需要注重对工作方式方法能力的建立，将现代企业中常用的工作方式方法在教学活动中体现出来。此外，技能人才扎实的专业能力还需要熟练识别和使用专业工具，对工作过程中需要的材料进行综合处理，以满足特定工作任务的完成，确保完成质量。

（2）通用能力

企业是一个集管理、运营、生产、研发等多功能于一体的复杂集体，员工除需要具体专业技能外，还需要拥有较好的通用能力，例如具备一定的社会能力和方法能力，能够实现不同工作情境的融会贯通。社会能力主要包括交流与合作能力、组织与完成任务能力、独立性与责任心等，所培养的高素质技能人才应当善于将自身利益置于整个工作任务和团队之后，能较快荣誉到工作团队中来，并且善于主动思考和解决问题，拥有良好的自主学习能力，勇于批评和接受批评等，为企业营造良好的团队工作氛围。方法能力主要包括获取与处理信息的方法、工作与学习的方法等，根据工作需求能独立自主地获得有用信息，依据特征情况做出正确判断，合理做出决策，制定解决问题的方案，评估实施可行解决方案的可能性。

2. 提高技工院校整体办学质量

技工教育经过几十年的发展，办学的规格和规模均得到大幅提升，优良的办学质量是确保学院能够长期生产和发展的关键。依据技工教育的办学理念，实施工学一体化教学是构建科学技工教育教学体系和彰显办学特色与优势的重要途径。依据工作项目需求确定教学目标，以工作任务作为驱动力确定教学任务，以工学一体六步教学法作为教学任务实施方法，借助学院提供的良好实习实训条件，突出技工教育的技能教学特色，促进学生综合素质的全面提升。

3. 提升专业课程教学实施质量

合理的教学理念和实施方法是确保课程教学质量的关键。随着人力资源和社会保障部关于一体化教学模式的进一步推广，专家团队在大量调研商榷的基础上已经制定了专业课程的国家标准，为技工院校专业课程教学改革明确了方向。因此，专业课程走一体化教学改革之路是提高教学质量的唯一途径，教师团队需要结合当地产业经济发展以及学院的客观实际，依据国家标准制定符合本校需求的校级课程标准。以标准为引领，制定合理的课程教学计划，结合学生实际设置难度适中的教学情境，通过具体的教学活动激发学生动手参与，依据科学合理的评价体系评判任务实施效果，提升专业课程教学实施质量。

第二节　工学一体化教学模式实施主要教学方法

2023年，人力资源和社会保障部表示“十四五”末国家将建设100个工学一体化培养模式专业，并在“双优”专业建设推进中，将工学一体化教学实施作为专业建设的重要元素。可见，工学一体化教学改革成为各技工院校教学改革的主流方向，而工学一体六步教学法是教师落实工学一体化教学实践的主要方法。

一、工学一体六步教学法的内涵

依据《工学一体化课程教学实施指导手册》，六步教学法是指教师教学组织过程中，学习过程与完整的工作过程对接，学习内容与岗位工作内容契合，围绕职业体系中典型的工作任务按照“获取信息—制定计划—做出决策—实施计划—检查控制—评价反馈”六个步骤开展教学，实现理论与实践有机结合，培养学生的创新能力。六个步骤具体的完成任务如图1.1所示。

图 1.1　工学一体六步教学法

二、工学一体六步教学法的特征

（一）贯彻实施行动教学导向

从六步教学法的实施过程可见，该方法贯彻以人为本的教学理念，注重学生主体地位，借助任务驱动引导学生采用行动导向完成学习内容，每个步骤均离不开学生的主动思考、探讨、动手实践，教师则成为课堂实施过程中的引导者和评判者，能够真正做到将课堂交给学生。

（二）注重学习情境创设实施

六步教学法实施的基本前提是完成职业体系中某个典型的工作任务，注重学习情境创设与实际工作内容相吻合，将学习过程与工作过程合二为一，对学习环境的创设提出更高要求。学生借助真实的工作任务情境，提炼任务关键信息，共同制定工作计划，商讨突破工作重点的决策，做好准备后分工协作完成工作任务，在教师的帮助下完成组内互检和教师检查，对于工作偏差及时控制纠正，结合多元评价体系对任务成果开展评价反馈，查漏补缺，在一次次任务情境中提高学习能力，掌握理论知识和工作技能。

（三）实施过程注重团队协作

分组教学是六步教学法中的典型特征，这与企业实际工作需求十分契合。教师根据学生实际情况合理分组，均衡每组工作实力，实现品学兼优的学生带领暂时欠佳学生的共同进步。组内根据学生特点进行岗位角色分工，各司其职，相互学习，共同进步。面临共同完成的任务，组内时刻保持沟通合作，探讨商榷任务实施的流程及决策要点，只有保持良好的团队协作意识，才能确保学习任务的顺利完成。

（四）培育学生综合职业素养

六步教学法能有效培育学生的综合职业素养，提高学生的岗位适应能力。行动导向教学能有效激发学生的自主学习能力，提高学生适应学习型社会的能力。开放性的学习任务情境能有效激发学生的创新能力，鼓励学生运用头脑风暴法滋生出优良的工作任务步骤，提高效率。组织实施过程中团队交流、演示汇报、评价反馈、任务总结等环节能提升学生语言表达、管理沟通、归纳总结等通用职业素养，组间比拼更是能够激发学生的竞争性学习意识，不断提高学生学习兴趣，锻炼学生综合职业素养，培养能为企业所用的技能型人才。

第二章　工学一体化培养模式下旅游服务与管理专业人才培养方案

第一节　工学一体化培养模式

一、工学一体化培养模式的育人目标

依据《推进技工院校工学一体化技能人才培养模式实施方案》，工学一体化培养模式是依据国家职业技能标准及技能人才培养标准，以综合职业能力培养为目标，将工作过程和学习过程融为一体，培育德技并修、技艺精湛的技能劳动者和能工巧匠的人才培养方式。

工学一体化培养模式的实施目标是以一体化课程教学改革试点工作为基础，以技师学院为重点，在全国技工院校大力推进工学一体化培养模式。加强工学一体化课程标准、教学资源、教师培养工作，将企业典型工作任务转换为学校教学内容，根据工作过程设计学习过程，确保学习步骤与工作岗位步骤对接，学习内容与工作内容对接，学习过程与工作过程对接，通过先工后学的形式来实现“在工作中学习、在学习中工作”，培育学生的综合职业能力

（一）综合职业能力的基本内涵

综合职业能力是指学生在特定职业领域内所具备的一系列能力的综合体现，是工学一体化培养模式的核心育人目标，旨在通过实施学习过程与工作过程相统一的模式，来培养学生在工作中应具备的专业能力、通用能力以及职业素养等，以提高学生的岗位胜任力及职业发展力。

专业能力主要是指与具体某个岗位相关的实践知识和理论知识，能够运用恰当的工具和设施设备来完成工作任务的实施，具备特定岗位的胜任力。以《景区

讲解服务》课程为例，主要对接的岗位为景区讲解员及导游，其岗位胜任力主要是指通过景区讲解的任务信息解读、工作计划的制定和审定以及情境模拟的实施等实践知识以及景区讲解方法和技巧等理论知识的学习，能够合理借助导游证、导游旗、麦克风等工具设备来完成导游词的撰写、景区景点的讲解、导游讲解中正确处理导游与游客之间的关系等工作任务，达到胜任岗位所需的基本专业技能需求，从而提高其就业竞争力和职业发展潜力。

通用能力包括社会能力与方法能力，也称为核心能力或关键能力，是指在不同职业领域和生活场景中都非常重要的基本能力。这些能力不仅对专业技能的掌握和应用至关重要，也是个人适应社会发展、实现终身学习和全面发展的基础。通用能力通常包括与人沟通与协作的能力、分析判断的能力、自我管理的能力、自主学习的能力、解决问题的能力、信息技术能力、创新能力等。每个人都不是一个独立的个体，都在复杂的社会体系中生存与发展，必须能够做到有效表达自己的观点和倾听他人的想法、与他人团结协作来完成工作任务、分析判断庞大的信息体系、在时间和情绪等方面做好自我管理、积极主动学习新的知识来适应新技术和新知识的迭代更新、将创新思维运用到工作与生活中来。通过培养通用能力，可以帮助个人在多变的工作环境中保持竞争力，实现个人和职业的持续成长。

职业素养是指个人在职业生涯中所展现的综合素质和行为规范，它不仅关系到个人的职业发展，也是企业文化和形象的重要组成部分。职业素养通常包括从事某个职业应具备的职业道德及其行为准则、完成工作中需要对接的职业标准及其企业管理标准等标准意识、符合行业相关法律法规等法律意识、对服务企业负责的责任意识、为客户提供优质服务的服务意识等。职业素养是个人职业生涯成功的关键因素之一，它体现了个人的价值观、工作态度和行为习惯。通过培养和提升职业素养，可以帮助个人在职场中建立良好的形象，赢得同事和客户的尊重与信任。

（二）综合职业能力的培育过程

综合职业能力的培育是一个系统的过程，需要企业、技工院校、教师、家长等多元培育主体积极参与，采用任务驱动、问题引导、多元评价等教学策略进行综合培育，借助科学的育人理念来循序渐进的提高学生的综合职业能力。

综合职业能力中专业能力的培育要对接企业标准，技工院校要深入开展与企业的交流合作，聘请企业专家参与工学一体化课程教学，将学习标准对接企业的工作标准，企业专家参与到学生学习评价体系中来，提高学生学习的社会适应性。教师在工学一体化课程实施中，采用工学一体六步法，引导学生准确获取任务信息、合理制定任务实施工作计划、全面审定工作计划、对标开展实施任务、做好实施中的过程控制以及及时归纳总结评价任务完成情况，培养学生满足岗位需求的专业技能。家长作为学生的监护人，应积极配合学校的学生管理，工学一体化教学中会定期输出阶段性学习成果，任课教师可会同班主任定期分享至家长群，家长依据反馈情况督促学生认真对待学习，结合家长给予的适当奖惩措施参与到多元育人体系中来，形成合力来培育学生的综合职业能力。

综合职业能力中通用能力的培育是一个不断积累的过程，需要借助多样化的教学策略来进行积累沉淀。工学一体化教学模式中注重培育学生的自我管理和自主学习，提倡采用任务驱动法激发学生自主学习，将课前、课中及课后的任务完成情况纳入过程性考核，借助学习通等输出性学习资源来提升学生的自学能力，让自主学习成为学生的一种学习习惯，为适应学习型社会做铺垫。同时，工学一体化教学模式倡导问题引导式教学，借助学习工作页和学习信息页，依据信息页中的学习素材归纳整理至工作页，提高学生的归纳整理能力，问题引导的形式也培育了学生分析解决问题的能力。工学一体化教学模式中的劳动组织方式充分对接企业工作实际，采用小组协作式及独立自主的方式开展学习，有利于提升学生正确处理个人与集体之间的关系，提高团队协作以及沟通交流的能力。

综合职业能力中职业素养的培育主要借助多元评价的方式开展，将职业素养中的法律意识、服务意识、标准意识等纳入各阶段性学习成果的考核评价标准中，教师在巡回指导中强调职业素养的要求及规范，在总结反思的过程中借助自评、互评、师评等多元评价方式来提醒学生注重职业素养的养成。

（三）综合职业能力的培育意义

培育学生的综合职业能力对于技工院校工学一体化教学改革具有重大的意义，能有效彰显技工教育的办学特色。一是有利于提高学生的岗位胜任力。综合职业能力的培育使得学生直接为企业所用，专业能力、通用能力及职业素养等得到全面发展，提高学生在企业岗位中的胜任力。二是有利于提高学生的职业发展力。职场中的上升发展对员工的综合素养要求较高，从基层到管理层的转变，不仅要熟知专业知识，还应具备沟通交流、组织领导、分析判断等职业素养，而这些能力需求均在综合职业能力的培育范畴中。三是有利于提高学生适应学习型社会。当今社会发展迅速，企业中技艺的更新换代已是家常便饭，要能够适应新型社会的发展，就需具有良好的自主学习能力，做到与时俱进，不断学习新知识、新技艺，才能更好地适应学习型社会的发展。自主学习能力是综合职业能力的重要组成部分，因此综合职业能力的培育能有效提高学生适应学习型社会的能力。

二、工学一体化培养模式的实施任务

工学一体化培养模式实施的主要任务包括制定专业人才培养方案、制定工学一体化课程标准、开发工学一体化教学资源、应用工学一体化教学方法、建设工学一体化教学场地、加快工学一体化教师队伍建设。

（一）专业人才培养方案的制定

制定专业人才培养方案是工学一体化培养模式实施的首要任务。各技工院校需依据国家颁布的人才培养课程体系，结合地方行业、企业对人才的需求，确定人才培养目标及专业课程学习体系。以旅游服务与管理专业为例，学校专业教学团队需要以人力资源和社会保障部颁发的《旅游服务与管理专业国家技能人才培养工学一体化课程标准（试用）》为依据，结合企业调研中获得的湖南省旅游行业、企业对人才的具体需求，制定学校层面的旅游服务与管理专业人才培养方案。以国家颁布的文件为参考，从专业信息、培养目标和要求、培养模式、课程安排、课程标准、实施建议及考核评价七方面进行学校层面人才培养方案的制定，确保培养目标符合行业、企业的需求，培养方案符合学校客观实际，可行可实施。

（二）工学一体化课程校本层面课程标准的制定

校本层面的课程标准是课程实施的依据。专业教学团队需以国家颁布的课程标准为中心，制定符合学校实际需求的课程标准，转化的过程中要把握好度，既要有区别，又不能有本质上的改变，转化后的校本层面课程标准为课程资源开发、场地建设、师资队伍建设等方面提供参考依据。以《景区讲解服务》课程为例，工学一体化校门层面课程标准以国家颁布的课程标准为核心，结合湖南省旅游资源特色、湖南省旅游行业和企业对人才的需求，参照学生学情实际以及学校实习实训条件，将国家课程标准转化为校门层面的课程标准，完成学校层面典型工作任务描述、工作内容分析、课程目标、学习内容、参考性学习任务、教学实施建议及教学考核要求等内容的撰写。确保转化后的参考性学习任务难度能满足学生的客观实际，实习实训条件、学习资源等硬软件条件能保证学习任务可行可实施。

（三）工学一体化课程教学资源的开发

学习工作页和信息页是工学一体化课程中重点开发的教学资源。资源开发团队需要依据校本层面课程标准中的工作内容分析、课程目标及参考性学习任务等信息，结合企业调研客观分析企业中该典型工作任务，将学生的学习步骤与企业岗位的工作步骤全面对接，工作任务的内容转化为学生的学习内容。然后以任务分析表为基础，教师完成每个学习步骤的教学活动方案策划，用具体可行的学习活动来完成学习任务的实施。学习资源则是确保任务有效实施的重要支撑。教师需要精心准备完成信息页中学习任务所需的学习材料，依据不同学习步骤进行整理，确保学生遇到瓶颈时能及时查阅信息页学习材料，通过自主阅读学习等方式解决学习中存在的疑惑。信息页中的学习资料可以是文字性材料、图片和视频类型的学习材料，借助学习材料内容和形式的丰富性来提高学生的学习兴趣，是一项重要的输入性学习资源。学习工作页则对照学习步骤的具体实施，以学习活动为依据，采用问题引导的形式督促学生记录好任务学习过程，并将评分依据和标准嵌入工作页，时刻提醒学生对照标准完成学习任务。填写好的工作页将形成学生重要的学习成果，是重要的输出性学习资源。

（四）工学一体化课程教学方法的应用

工学一体化课程教学方法倡导以学生为中心，学生是学习的主体，常用的教学方法有任务驱动法、情景模拟法、小组合作法等，通过教学方法的选择与运用激发学生自主完成学习任务。

任务驱动法是一种以学生为中心的教学方法，是一种建立在建构主义教学理论基础上的教学法。它要求“任务”的目标性和教学情境的创建，使学生带着真实的任务在探索中学习。在这个过程中，学生还会不断地获得成就感，可以更大地激发他们的求知欲望，逐步形成一个感知心智活动的良性循环，从而培养出独立探索、勇于开拓进取的自学能力。以《景区讲解服务》课程为例，所谓任务驱动法就是学生在学习景区景点讲解的过程中，教师依据企业真实工作任务需求设定一个具体的学习任务情境，学生在教师的帮助下，紧紧围绕为某个具体旅游团队讲解特定景区景点这个共同的任务活动中心，在强烈的问题动机的驱动下，通过对学习资源的积极主动应用，进行自主探索和互动协作的学习，并在完成既定任务的同时，引导学生产生一种学习实践活动。任务驱动法适用的基本步骤是：第一创设情境，为学生营造与企业真实工作需求相对应的学习任务情境，任务内容与工作内容对接，任务标准符合相关法律法规及企业管理的要求。第二确定任务问题，依据任务完成步骤细分为若干个子任务问题，让学生面临一个需要立即去解决的现实问题。第三开展自主学习和协作学习，由教师向学生提供解决该问题的有关线索，如需要搜集哪一类资料、从何处获取有关的信息资料等，强调发展学生的“自主学习”能力。同时，倡导学生之间的讨论和交流，通过不同观点的交锋，补充、修正和加深每个学生对当前问题的解决方案。第四效果评价，对学习效果的评价主要包括两部分内容，一方面是对学生是否完成当前问题的解决方案的过程和结果的评价，即所学知识的意义建构的评价，而更重要的一方面是对学生自主学习及协作学习能力的评价。

情景模拟教学法是指在教师指导下，学生模拟某一岗位或扮演某一角色，在教师创设的一种情境中，进行技能训练和调动学生学习积极性的一种典型的互动教学法。情景模拟教学法作为行动导向的教学方法，其典型特征是以接近现实的工作内容和范围为场景，学生主动参与工作角色进行角色扮演和决策练习。这种方法可以帮助学生更好地理解复杂的概念、提高解决问题的能力、增强团队协作以及提升沟通技巧。在《景区讲解服务》课程中，常用的情景模拟是教师为学生构建景区景点讲解工作场景，设置景区讲解员和游客两种常用角色，引导学生将自己归之于真实带团情境中进行讲解练习，并处理好景区讲解员与游客之间的关系，从而来提高学生的景区讲解能力和以游客为中心的服务意识。情境模拟教学法实际执行步骤是：第一设置一个具有复杂性和挑战性的学习任务情景，该情景与实际工作需求相对应，第二进行角色分配，依据情景的需要，每位学生分配一个特定的角色，每个角色负责工作中应承担的内容及目标，第三是模拟准备，学生深入了解所承担角色的工作内容、任务目标及其可能遇到的挑战等，第四是模拟实施，在模拟情景中，学生按照自己的角色内容和目标进行行动及决策，对真实工作场景中可能发生的事情进行模拟互动，第五观察与记录，在模拟实施过程中，教师对学生的表现情况进行观察和记录，并从旁引导学生开展情景演练，确保情景模拟的有效性，第六是总结评价，模拟结束后，学生进行集体讨论，分享自己的体验、决策过程以及从模拟中学到的教训，对自己在模拟实践中的表现进行自评、互动及教师评价等。

小组合作法是一种将学生分成小组，通过共同协作来完成任务、解决问题或达成目标的方法，有助于培养团队合作精神、沟通技巧和解决问题的能力。在工学一体化教学模式中，小组合作与企业劳动组织方式相同，是学生需适用的学习任务完成形式。教师依据任务的性质和学生的特点，采用随机或者特定目标形式将学生分成若干小组。接下来，为每个小组分配一个共同的且富有挑战性的学习任务，小组成员开始共同工作，通过讨论、分工、协作等方式来推进任务的完成，并将完成情况记录在学习工作页中。学生在小组合作完成任务过程中，需要积极沟通，协调各自的工作，解决分歧和冲突，教师在小组合作过程中提供必要的监督和指导，确保小组任务能够顺利完成。任务完成后，每个小组向全班展示他们的学习成果，分享他们的工作过程和学习经验。教师组织学生开展客观评价，对每组的学习成果进行评价，提供正面的反馈和建设性的建议，帮助小组成员认识到自己的优点和需要改进的地方。小组内部成员则对合作过程进行反思，总结学到的知识和技能，以及在团队合作中的经验教训。

（五）工学一体化课程教学场地的建设

教学场所设施布置合理与否，对于学习过程、学习效果以及最终实现课程目标有十分重要的影响。实施工学结合一体化的课程需要特定的教学场所，技工院校应当根据典型工作任务和学习情境的要求，为学生创设一个尽量真实的工作环境。依据《景区讲解服务》工学一体化课程教学实施需求，应建设具有教学区、讨论区、实训区、展示区、资料区、工具区的一体化工作站。工作站内教学区主要为教师引导强调知识技能所用，讨论区供学习过程中小组开展问题讨论所用，实训区供学生开展景区讲解模拟实践所用，展示区为学生展示景区讲解学习成果所用，资料区为学生提供完成学习任务所需的学习资料，工具区主要放置完成学习任务所需的工具设备，例如扩音器、导游证、导游旗等。

（六）工学一体化课程教师队伍的建设

推行工学一体化教学模式，教师队伍建设是关键。一是要加强教师师德师风建设。旅游类专业教师要以高度的责任心投入教学当中，思想上要以学生为中心，以培养学生综合职业素养作为课程教学的归宿，杜绝“放任自由、满堂灌”等缺乏职业道德的教学行为。技工院校要定期组织旅游类专业教师培训，提高教师对职业的责任心和使命感，加强对教育教学理论知识的学习，提升对学生学习认知规律的认识。同时，技工院校要出台系列师德师风监督机制，激发教师认真履行育人职责，采用合理的教学方式提高育人实效。二是要提高教师教学业务能力。扎实的教学业务能力和专业技术技能是确保学习效果的关键。技工院校要鼓励旅游类教师外出培训，加大教师外训的经费投入，杜绝“闭门造车”，为教师营造与外界交流学习的机会。同时，学校内部应定期举行教师业务能力交流培训，开展教研教改探讨活动，积极探讨工学一体化教学实施中的瓶颈问题，在旅游类专业教师范围树立注重培养学生自主学习能力的意识，形成合力。例如选派更多的教师参与工学一体化师资三级、二级培训，鼓励教师参加一级培训，企业及行业举办各类技能培训也积极参与。

三、工学一体化培养模式的实施途径

工学一体化培养模式的实施途径有大力推动校企合作共建，积极组织产业龙头企业、行业头部企业、区域性代表企业力量参与技工教育人才培养探讨，充分发挥专家作用，做好教学改革咨询与服务。采取工学一体化培养模式开展职业技能培训，通过设立企业培训工作站，创建共建技能大师工作室等方式，引入生产企业工作流程和管理模式，提取典型工作任务用于培训实训。

工学一体化培养模式的推进方式主要为校企合作。技工院校要大力推进与企业开展合作，通过引企驻校、校企合作办学的模式，与合作企业一起推动一体化教学模式的实施，从顶层专业人才培养方案到课堂任务实施层面，都与企业深入沟通交流，使得培养出来的学生满足企业对人才的需求。旅游服务与管理专业接洽的企业主要为旅行社、旅游景区景点等，在做实做深校企合作中应从以下几个方面进行。首先要深入调研明确合作旅行社的用人需求。合作旅行社要将用人需求通过问卷或者口头访谈的形式进行客观描述，并积极参与技工院校层面人才培养目标的制定和审定，确保技工院校专业人才培养目标与企业对员工的要求相契合。其次要推进校企资源共享。合作旅行社要积极接纳技工院校教师开展下企业实践活动，为教师提供提升专业技能的实践场所，促进教师熟悉了解企业工作环境，提高“双师型”教师的教学实力。同时，合作旅行社要积极配合技工院校选派专家参与课程开发建设，提供企业资源，校企联合开发教学资源，为学校专业实践提供实践场所。其次是加强协同育人。协同育人的人才培养模式将技工院校、企业、政府、行业等均作为培育学生的主体，多方共同形成合力培育社会所需的技能型人才。工学一体化培养模式推行将学习过程与工作过程相统一，那么就需要技工院校积极开展多元协同育人，主动与旅游行业、企业及文旅部门等开展深度合作，实现校企合作共赢的局面。

第二节　旅游服务与管理专业人才培养需求分析

旅游业是国际公认的朝阳产业和无烟工业，是一项具有推动社会进步、经济发展、文化繁荣和环境保护四大功能的现代化综合性产业，其对社会经济发展带动效应显著。伴随着国内经济的持续增长，人民生活水平的提升，旅游市场已然成了主力军。

一、旅游服务业的发展现状和发展趋势

（一）湖南旅游服务业的发展现状

1. 湖南旅游业快速发展

在《湖南省国民经济和社会发展第十四个五年规划和二〇三五年远景目标纲要》第三十一章指出：实施旅游精品带动工程，大力发展旅游新产品新业态，丰富优质文旅产品供给，全面提升旅游公共服务水平，以“旅游 +”为重点激活旅游资源，确保文化和旅游产业增加值稳居全国第一方阵。要全面提升旅游服务质量，全力提升导游综合素质和服务技能。纵观 2010—2019 年湖南省旅游发展主要指标情况（详见表 2.1），旅游规模和旅游收入逐年增长，旅游业发展平稳上升。随着我国经济的快速发展及人们休闲旅游需求的增加，旅游行业发展中对人才的需求在不断增多。2020 年开始，受疫情制约，旅游业影响较大，但政策放开之后，旅游发展迎来井喷式发展态势，2022 年，全省接待国内外游客 4.35 亿人次，同比增长 0.97%，恢复到 2019 年的 90.0%，好于全国 23 个百分点；实现旅游收入 6487.96 亿元，恢复到 2019 年的 85.4%。

表 2.1　2010—2019 年湖南省旅游发展主要指标情况

指标（年份）	旅游业增加值（亿元）	旅游业增加值占 GDP 比重（%）	旅游总收入（亿元）	国内外游客数（亿人次）
2010	774.63	4.83	1425.8	2.06
2011	965.78	4.91	1785.78	3.02
2012	1116.57	5.04	2234.1	3.62
2013	1253.24	5.09	2681.9	4.12
2014	1419.46	5.25	3050.7	4.73
2015	1528.48	5.26	3712.9	2.53
2016	1760.33	5.88	4707.4	5.7
2017	2036.21	5.89	7172.62	6.69
2018	2230.75	6.12	8355.73	7.53
2019	2457.65	6.18	9762.32	8.32

数据来源：湖南省文化和旅游厅。

2. 全域旅游全面启动

2019 年，湘潭市认真贯彻落实湖南省委、省政府关于“建设全域旅游基地，打造国内外著名旅游目的地，全力塑造‘锦绣潇湘’旅游品牌”的决策部署，制定《湘潭市全域旅游发展总体规划（2018—2030）》，对旅游发展规模作出了预期规划，并在人才保障措施中提出外部引进、内部培养、村民转化“三方并进”，搭建“十百千”人才库，内部培养中定少不了当地高校的人才培养。2019 年 1—12 月，湘潭共接待国内外游客 7034.57 万人次，同比增长 9.17%，实现旅游总收入 647.62 亿元，同比增长 6.63%，全域旅游发展成效明显。2020 年 1 月 8 日下发关于组织实施《湘潭市全域旅游发展总体规划（2018—2030）》的通知，各部门齐心协力，湘潭旅游业定会飞速发展。

湖南省文化和旅游厅表示要坚持旅游人才优先发展，强化职业技能培训，健全旅游部门和旅游企业等多层次、多类型、多模式的旅游人才培训体系，推出一批旅游领军人物，贯彻实施文化和旅游部《万名旅游英才计划》。

（二）旅游服务业的发展趋势

1. 全球旅游业仍将保持快速增长

世界旅游组织预测，2030年全球入境旅游人数将达到18亿。另据世界旅游协会预测，从2010年至2020年，国际旅游业人数和国际旅游收入将分别以年均4.3%、6.7%的速度增长，高于同期世界财富年均3%的增长率。2023年全球国际游客总人次或将恢复至疫情前水平的80%至95%，全球旅游业将迎来强劲复苏，进一步确立其在全球经济的重要地位。

2. 旅游市场结构升级

未来一段时间，观光旅游仍将会保持第一的市场份额，但随着我国中等收入家庭阶层的建立及逐步扩大，其对闲暇的需求越来越多，对生活的品质要求越来越高，将会选择以放松身心、体验生活的休闲度假类旅游产品。届时，休闲度假旅游将迅速崛起，其旅游体现形式也将多样化，旅游市场结构将逐步完成从观光游向休闲度假游过渡。

当前，我国已步入大众旅游新时代，旅游消费升级、人工智能等技术革新都为旅行服务企业的发展提供了新机遇与新挑战，未来发展趋势主要表现为：个性化与多元化的旅游需求日益突显，旅游逐渐成为一种异地化的生活方式；随着旅游消费的升级，产品与服务的个性化、定制化将成行业发展趋势；2018年“优质旅游”被提上日程，我国旅游消费迎来品质旅游新时代，服务品质化是关键；旅游企业立足的根本在于产品和服务，通过全产业链布局，不仅可以有效盘活各项资源，提升服务质量。

二、旅游服务业人才需求分析

（一）对人才的需求

据湖南省旅游厅统计，省旅行社总数约1011家，其中出境游组团社104家，五星级旅行社30家，四星级旅行社56家，三星级旅行社74家。旅行社对人才的需求主要集中在导游、计调及营销人员方面。

随着湖南旅游业的强劲复苏，导游供需矛盾较为突出。目前全省注册状态正常的导游有2.9万人，存在导游人才数量和质量上的短板，初级别导游多、高级别（金牌）导游少，“特级导游”空缺，市场对高级别导游的需求量特别大。

2023年湖南省旅游市场实现了恢复性增长，接待旅游总人数和旅游总收入都有显著提升，旅行社的业务也出现了明显复苏，这表明了对导游的需求也随之增长。2023年暑期湖南张家界旅游市场火热，直接带热了导游市场。据央视网2023年8月消息，当地正常接待国内外游客的导游已突破6500人，其中省级、国家级、外语导游十分紧俏。尽管旅游市场正在复苏，但导游市场目前面临紧缺问题。此外，过去几年的疫情导致许多导游转行，导游数量减少，面对当前的旅游需求升温，导游供不应求，尤其在暑期旅游旺季更为明显。以长沙市和湘西州为例，长沙市注册并按时年审的导游有5396名（此数据仅代表有资格带团的导游人数，实际从业人数更少），而疫情前的2019年有13882名。据估计，满足长沙市场需求大概需要8000名导游，目前从事导游工作的大概是3000人。湘西州目前注册并年审的导游为498名，而2019年是720人，实际从事导游工作的只有200人左右，而疫情前则有500至600人。

旅行社计调人员主要负责旅游服务的采购、计价，旅游产品设计与实施，旅游业务协调、服务监控、费用结算等工作。他们需要掌握旅行社的成本，与接待旅游团队的酒店、餐馆、旅游车队及合作的地接社等洽谈接待费用，并在保证团队有良好的运作效果的前提下，编制性价比高的旅游线路产品。随着旅游行业的高质量发展，对创新型旅游线路产品需求逐步增多，这些趋势要求计调人员不仅要具备传统的旅游服务能力，还需要适应新的市场需求和变化。一名合格的计调人员不仅要具备产品策划、信息收集、计划协调、灵活应变等能力，还需要沟通表达、信息化办公操作、法律知识、营销知识方面的能力。同时，随着数字经济的发展，旅游行业对数字化人才的需求也出现爆发式增长，计调人员需要具备数字化思维，岗位的胜任对员工的综合职业能力要求较高。当前，计调人才的培养数量和质量都难以满足快速发展的旅行社行业用人需求，需要各职业院校（技工院校）加强人才培养，与时俱进，为社会输送具有多元化和创新力的旅游计调人才。

旅行社营销人员是连接客户与旅游产品的重要桥梁，他们不仅需要具备专业的产品知识和市场分析能力，还要有出色的沟通技巧和客户服务意识。其岗位职责主要是负责旅游产品的销售工作，包括响应客户咨询，与客户沟通旅游方案及要求，最终达成旅游产品交易。在数字化时代背景下，旅行社营销人员还需掌握新媒体营销的技能和工具，能够运用新媒体进行宣传和推广，例如直播销售、视频营销、微信营销等，才能适应旅游业竞争和满足旅行社发展。

湖南省旅行社对导游、计调及营销人员的需求正在随着旅游市场的复苏而增长，但同时也面临着高质量专业型人才短缺的挑战，需求学校为旅行社输送高质量的专业型人才。

（二）旅游酒店对人才的需求

湖南省共有星级饭店 397 家，湘潭地区拥有星级饭店约 15 家，星级饭店对旅游酒店服务人员需求非常大，可容纳大量毕业生，毕业生在饭店经过 3 年左右的基层锻炼，可长期稳定从事中高层工作。旅游酒店对人才的需求主要集中在餐厅、客房、前厅服务、营销人员、主管、领班等，作为服务行业他们需要具备良好沟通技巧和服务意识。例如，前台接待人员要能够热情友好地迎接客人，快速准确地办理入住和退房手续，处理各种突发情况；餐厅服务员要熟悉菜品，能够根据客人需求提供专业的点餐建议,并且在服务过程中展现出高度的耐心和细心;营销人员要了解市场动态和消费者需求，通过各种渠道进行有效的营销活动。比如利用社交媒体、在线旅游平台等进行宣传推广，吸引更多客人。

依据《中国酒店人力资源现状调查报告（2023）》可知，不少旅游酒店编制未招满，灵活用工比例进一步提升，餐饮部、客房部和前厅部空编率位居前三，人才紧缺状况最严重，旅游酒店采用小时工和外包等形式来弥补空编的状况。实习生用工比例有所下降，受酒店薪资待遇吸引力不足、服务行业就业观念的束缚等原因，受过专业教育的专业型人才不愿从事酒店行业，使得旅游酒店招聘难度增大，人才需求短缺。对于人才紧缺的部门，餐饮部、前厅部、客房部等一线运营部门的人才紧缺状况依然位居前三。

此外，随着旅游业高质量发展以及数字经济的时代需求，旅游酒店对具有科技创新能力的相关人才的需求也不断增加，以促进产业升级和提高服务效率。旅游酒店积极响应与学校的合作，通过实习项目培养潜在的员工，从而弥补当前人才需求缺口较大的局面。

（三）其他旅游机构对人才的需求

一是旅游相关政府部门和事业单位。根据人力资源和社会保障部政策规定，技工院校毕业生可报考事业单位考试，学生毕业后可在相关政府部门和事业单位从事旅游服务方面工作。旅游政府部门和事业单位在推动旅游业发展的过程中，需要各类专业人才的支撑，以满足不同领域和层面的工作需求。以公共服务与推广人才为例，他们需要组织和开展旅游宣传推广活动，提升地区旅游形象。例如，策划举办旅游文化节、旅游推介会等活动，吸引更多游客；同时，负责游客咨询服务中心的运营管理，为游客提供及时准确的信息。

二是旅游景区。旅游景区对人才的需求是多方面的，并且随着旅游业的快速发展和市场的变化，这些需求也在不断演进。排在首位的是导游和景区讲解人才的需求，需要他们为游客提供专业的导游服务和景点讲解，让游客更好地了解景区的历史文化、自然景观等。他们需要具备丰富的知识储备、出色的表达能力和良好的服务态度。比如，能够生动有趣地讲述景区的故事和传说，增加游客的游览体验。其次是服务接待人才的需求，包括售票员、检票员、咨询员等，他们是游客进入景区的第一道窗口，需要具备热情、耐心和高效的服务能力。例如，能够快速准确地为游客办理购票手续，解答游客的各种疑问。紧接着是旅游景区营销人员的需求，主要负责景区的品牌推广、市场开拓和游客引流。他们要熟悉各种营销渠道和手段，包括线上的社交媒体营销、网络广告投放，以及线下的活动策划、合作推广等。比如，通过举办特色主题活动，吸引更多游客关注；与旅行社、在线旅游平台合作，扩大景区的知名度和影响力。

三是旅游购物企业。旅游购物企业需要各类专业人才的协同合作，以满足游客的需求，提升企业的竞争力和经济效益。一是旅游商品销售人才的需求，这类人才应具备良好的沟通和推销技巧，能够与不同文化背景和需求的游客进行有效的交流，准确推荐适合的商品。比如，在短时间内了解游客的喜好和预算，为其推荐具有当地特色且性价比高的纪念品或特产。二是客户服务人才的需求，能够处理游客的投诉和疑问，提供优质的售后服务，维护企业的良好形象。例如，当游客对商品质量或价格有异议时，能够耐心倾听并妥善解决问题。三是旅游商品店铺运营管理人才的需求，主要负责店铺的日常运营，包括人员管理、库存管理、陈列布局等。比如，合理安排员工的工作岗位和班次，确保店铺高效运转；精准控制库存，避免积压或缺货现象。

总之，从旅行社、旅游酒店及其他旅游企业对人才的需求情况来看，旅游行业企业市场中专业人才缺口较大，技工院校本着办学服务行业企业的原则，应积极培育导游、景区讲解员、营销人员、餐厅服务员、前厅服务员、客服服务员等高质量技能型服务人才，为旅游业的高质量发展贡献力量。

第三节 旅游服务与管理专业（中级工）人才培养方案

由于专业人才培养方案是以具体学校实际情况所制定的方案，具有一定的特殊性，院校之间也存在差异性，因此，这里所阐述的旅游服务与管理专业（中级工）人才培养方案是以湘潭技师学院为案例进行制定的。通过对一体化教学模式内涵的理解，结合现阶段社会对旅游行业人才的需求分析，本着技能培养服务地方产业经济发展的原则，结合湘潭技师学院旅游服务与管理专业实际情况，征求校企合作旅游企业的意见，教研团队共商探讨制定如下一体化教学模式下的人才培养方案。

旅游服务与管理专业人才培养方案（中级工）

一、专业信息

（一）专业名称

旅游服务与管理专业。

（二）专业编码

旅游服务与管理专业中级技能 0520–4。

（三）学制年限

旅游服务与管理专业中级技能：初中起点三年。

（四）就业方向

旅游服务与管理专业中级技能：面向旅行社、旅游景区、主题酒店、展览场馆、文博院馆、旅游信息咨询中心等企业就业，适应旅游服务与管理职业岗位群（如导游、研学导师助理、景区讲解员、客房服务员、餐饮服务员等）工作，胜任导游接待与讲解、景区景点讲解、前厅接待与管理、餐饮服务与管理、客房服务与管理、旅游门市部门接待等工作任务。

（五）职业资格

表 2.2　专业技能对应职业岗位和资格证书表

专业技能方向	职业（岗位）	职业资格证书
旅行社业务	导游员	导游资格证（初级）
	景区讲解员	景区讲解员（初级）
高星级饭店服务	前厅服务员	前厅服务员（四级）
	客房服务员	客房服务员（四级）
	餐厅服务员	餐厅服务员（四级）
备注：本专业学生在校期间应取得人力资源和社会保障部颁发的以上职业资格证中的任意一种。		

二、培养目标和要求

（一）培养目标

1. 总体目标

热爱祖国，有坚定的理想信念，拥护中国共产党的领导，践行社会主义核心价值观，德智体美劳全面发展。本专业主动对接区域经济社会需求，培养面向旅行社、旅游景区、高星级酒店等行业企业，能够适应导游、旅行社门市接待、旅行社计调、景区讲解、高星级饭店及同类型企业餐饮、客房、前厅等部门的服务工作任务，遵守旅游服务行业法律法规，具备旅游接待、景点讲解、前台接待与问题处理、客房清扫处理及对客服务、餐厅摆台及席间服务等能力，具有服务意识，成本意识，创新思维，诚实守信、求真务实的工作态度，以及独立分析与解决问题、团队合作、时间管理、抗压管理、自主学习等职业素养，达到旅游服务类职业技能相应等级要求的技能人才。

2. 层级目标

面向旅游服务行业企业就业，适应旅游服务类职业岗位群（如导游服务、餐饮服务、前厅接待、客房服务、研学助理等）工作，胜任导游讲解、餐饮摆台与席间服务、客房清扫及对客服务、前厅接待与问题处理等工作任务，遵守旅游行业相关法律法规以及旅游企业相关规则，具备运用良好的服务技能为游客提供讲解与接待的能力，运用优质的服务理念为客户提供服务的能力，具有服务意识，安全意识，诚实守信、求真务实的工作态度，以及团队合作、沟通交流、时间管理、情绪与压力管理、按照整理、整顿、清扫、清洁、素养、安全的“6S管理”等规范执行任务、遵守工作制度等职业素养，达到前厅服务员、客房服务员、餐饮服务员等中级职业技能要求的技能人才。

3. 典型工作任务及职业能力要求

表 2.3　典型工作任务及职业能力要求

培养层级	典型工作任务	职业能力要求
中级技能	导游服务	1. 能独立完成导游接待工作； 2. 能与旅游者建立良好的人际关系； 3. 能独立处理旅行中发生的一般问题； 4. 能与有关业务单位和人员合作共事； 5. 导游语言正确、通顺、外语导游员的外语表达基本正确，语音、语调较好；中文导游员的普通话表达清楚、流畅，语音语调正确、亲切； 6. 能够做到导游体态大方得体； 7. 能准确填写业务所需的各种票据； 8. 能起草情况反映、接待简报等有关应用文。
	餐饮服务	1. 能铺西餐便餐台台布；能摆放西餐便餐台餐具；能摆放中餐宴会台餐具； 2. 能折叠 20 种杯花、5 种盘花，能根据宴会台面选择和摆放餐巾花； 3. 能判断不同宾客类型并针对需求安排席位； 4. 能介绍菜点的营养特点和典故； 5. 能分炒菜、汤菜； 6. 能提供黄酒服务，能托盘斟酒水； 7. 能根据菜单内容调整餐具； 8. 能为宾客结账，能清洁酒具，能对酒具消毒； 9. 能遵守酒店服务从业人员职业道德，具备服务意识、营销意识、信息保密意识，遵守酒店规则，及时保存文档，按“6S”规范执行任务。

续表

培养层级	典型工作任务	职业能力要求
中级技能	客房服务	1. 能安排客房计划卫生，能进行客房计划卫生工作； 2. 能清洁保养楼层走廊，能清洁保养工作间，能清洁保养安全楼梯； 3. 能提供来宾修理物品服务，能提供来宾递送转交物品服务； 4. 能提供贵宾、商务客人等来宾针对性服务，能向相关部门提供来宾需求信息； 5. 能部署 20 人以内小型会议室，能准备会议所需设备和用具，能提供饮品服务； 6. 能处理“请勿打搅”房间，能处理贵宾报失事宜，能立即报警； 7. 能保管楼层库房物品，能进行楼层库房物品盘点工作，能配置客用具，能领发客用具； 8. 能遵守酒店服务从业人员职业道德，具备服务意识、卫生安全、信息保密意识，遵守酒店规则，及时保存文档，按“6S”规范执行任务。
	前厅服务	1. 能善于使用语言表达技巧与客人交流；能根据《客情预订总表》给出选择，并帮助客人做出选择；能妥善处理婉拒的订房要求； 2. 能选择适合本饭店运作的预订资料储存方式； 3. 能核查、处理、纠正《房情预订总表》中的错误，能及时处理“等候名单”上的客人的订房； 4. 能回答客人对交通信息的问询；能回答客人对饭店所在地景点方面的问询；能回答客人对饭店所在地主要康乐、购物、医疗等方面的问询； 5. 能为客人办理行李寄存服务；能处理破、错送、丢失的行李；能为客人在沿途适当介绍景观及饭店简况； 6. 能处理外币现钞的兑换；能处理旅行支票的兑换；能识别中国银行可兑现的外币现钞；能做好夜间审计工作； 7. 能自然地与客人沟通，了解客人的愿望与要求； 8. 能主动将饭店宣传册、广告宣传资料和图片展示给客人；能带客人实地参观，展现饭店优势； 9. 能遵守酒店服务从业人员职业道德，具备服务意识、营销意识、信息保密意识，遵守酒店规则，及时保存文档，按“6S”规范执行任务。
	研学助理	1. 具备良好的组织管理能力、沟通协调能力、教育教学能力和安全保障能力，能将研学旅行的教育目标落实到具体的课程计划中，确保研学旅行安全有序地实施； 2. 能充分做好行前准备工作。开好行前预备会议，向各方宣传解读研学旅行课程方案。检查各项课程准备工作关键环节实地查看，确保万无一失；

续表

培养层级	典型工作任务	职业能力要求
中级技能	研学助理	3. 能做好行中组织监督管理工作。应将预先设计课程内容和活动环节一一落实，在旅游车上组织好移动课堂督促基地营地按方案执行，让所有学生完成预定的研学任务； 4. 能做好行后总结评价工作。应灵活运用多种评价方法，客观公正反馈研学成绩，组织好研学旅行成果汇报，利用评价结果促进学生全面发展和健康成长，同时完善研学旅行课程方案以及研学旅行组织工作。

三、培养模式

旅游服务与管理中级技能人才培养运用校企合作人才培养理念，采用学校为主、企业为辅的校企合作人才培养模式。学院模拟企业的工作情境，通过组织实施导游实务、景区景点讲解实务、餐厅服务、前厅接待、客房服务等工学结合课程，培养学生独立分析与解决专业问题的能力，促进其职业责任感的建立。

（一）培养体制

旅游服务与管理专业认真贯彻落实习近平总书记对技能人才工作重要指示精神，严格遵循人力资源和社会保障部印发的《关于深化技工院校改革大力发展技工教育的意见》（人社部发〔2021〕30号）和《技工教育“十四五”规划》（人社部发〔2021〕86号）相关目标与要求，积极推进《推进技工院校工学一体化技能人才培养模式实施方案》（人社部发〔2022〕20号）的文件精神制定培养体制。

旅游服务与管理专业应依据相关法规和以上政策文件等相关要求，校企双方共同制定校企合作管理办法、签订校企合作协议，明确校企双方的权利和义务。校企合作成立专业建设委员会，在专业建设委员会的统筹下，根据现代服务业用人需求和一体化培养旅游服务与管理类技能人才需要出发，校企双方共创培养模式、共同招生招工、共商专业规划、共议课程开发、共组师资队伍、共建实训基地，共评培养质量、共搭管理平台。

通过校企双方的深度合作，以服务于湖南及周边地区的旅游服务行业为宗旨，以旅游服务与管理专业人才需求为依据，依据校企合作旅游景区、旅行社、旅游酒店等企业典型工作任务，建立以旅游服务类岗位职业能力为特征的“工学结合”人才培养模式，为现代化旅游服务行业培养高素质技能型人才。

（二）运行机制

中级技能层级应采用“学校为主，企业为辅”的运行机制。校企双方根据中级技能人才培养目标，遵守旅游服务与管理相关法律法规以及旅游行业企业相关规则，运用导游服务工作流程开展导游带团接待讲解任务，灵活处理带团过程中遇到的问题及游客提出的相关要求，运用现代化服务理念实施景区讲解、研学服务、餐厅服务、前厅接待及客房服务等服务活动，安全规范景区景点安全提示、服务操作过程中的安全意识，热情周到地为游客及顾客服务等工作任务为基本技能。以服务意识、营销意识、信息安全意识，诚实守信、求真务实的工作态度，以及团队合作、沟通交流、时间管理、情绪与压力管理、按“6S”等规范执行任务、遵守工作制度等为职业素养。结合工学一体化课程特点，共同制定人才培养方案，共创培养模式。

在招生招工方面，发挥学校和企业各自优势，以初中生源为主，通过开设校企双制班、企业订单班等多种措施，实现共同招生招工。根据行业、企业的现实情况和发展规划来预测企业各层级技能人才的数量需求，共同制定招生计划，同时加强就业指导服务，促进毕业生充分就业、对口就业、稳定就业。

在课程建设方面，以一体化学习工作站、校内实训基地、产业学院为依托，成立专业建设委员会，校企双方共同制定专业建设方案，实现校企双方共商专业规划。根据岗位典型工作任务转化而成的工学结合课程，结合教学规律开发工作页、数字化课程等一体化教学资源，共议课程开发。

在师资队伍建设方面，以学校教师为主，引入企业兼职教师共同组成师资团队，发挥学校教师专业教学能力和企业技术人员专业实践能力的各自优势，实现共组师资队伍。

在场地设备建设方面，基于学校一体化学习工作站和校内实训基地的建设，与品牌企业共同规划建设集校园文化与企业文化、理论教学与实践教学、学习过程与工作过程为一体的校内学习环境，共建实训基地。对于一体化学习工作站、校内实训基地等校内学习环境，学校参照企业管理机制运行，共搭管理平台。根据国家职业标准和企业用人要求共同制定评价标准，对学生综合职业能力和职业技能等级实施评价，共评培养质量。

四、课程安排

旅游服务与管理专业的课程类型包括公共基础课程、专业基础课程、工学一体化课程和专业技能课程、企业实践课程等。根据部颁《技工院校公共基础课程方案（2022年）》开设公共基础课程，根据学院自身实际情况设置专业基础课程、工学一体化课程和企业实践课程。

（一）中级技能层级一体化课程表（初中起点三年）

表 2.4　一体化课程表

序号	课程名称	基准学时	学时分配					
			一学年		二学年		三学年	
			一	二	三	四	五	六
1	景区讲解服务	108				108		
2	餐饮服务与管理	108			108			
总学时		216						

（二）公共基础课程（初中起点三年）

表 2.5　公共基础课程名称及教学内容表

序号	课程名称	主要教学内容	学时数
1	德育（劳动教育）	德育课坚持以人为本，以学生为主体，遵循学生身心发展的特点和规律，围绕学生德育需求的发生时机，以学生的思想、道德、态度和情感发展为线索，紧密联系实际，突出中国特色社会主义理论、中国特色社会主义道路、中国特色社会主义制度的宣传和教育，积极培育和践行社会主义核心价值观，生动具体地完成学校德育任务。 （1）理解社会主义核心价值观的基本内容，形成正确的人生观，掌握在中国梦中实现人生价值的途径。 （2）掌握社会道德规范对个人行为的要求，了解基本的法律规范，掌握维护合法权益的基本方法。 （3）了解职业道德和就业准备的基本要求，掌握提高职业道德、增强综合职业素质的过程和方法。	180

续表

序号	课程名称	主要教学内容	学时数
1	德育（劳动教育）	（4）了解职业教育的特点和作用，认识职业教育与个人成才的关系。理解职业理想的重要作用，掌握职业生涯规划和管理的基本方法。 （5）了解青少年身心发展的特点，掌握适应新的学习、生活、工作环境的方法。 （6）了解我国当前经济政治和社会生活中最常见的现象，了解社会主义基本经济制度和基本政治制度。理解坚持科学发展，全面建成小康社会的新要求。理解我国当前经济、政治和社会等方面进一步全面深化改革的有关政策。 （7）了解中国特色社会主义理论的基本内容，理解中国特色社会主义道路、中国特色社会主义理论、中国特色社会主义制度的若干重大问题。 （8）掌握科学的思维方式，初步形成运用分析、比较、归纳等方法，解释一般社会现象的意识，初步形成客观地、辩证地、发展地看待事物的能力。	180
2	语文	（1）形成热爱祖国通用语言文字的情感，掌握语文学习方法。 （2）能在各种交流表达实践中自主学习和准确运用语文。能通过语文应用提升与人合作及解决问题的能力。 （3）接受优秀文化熏陶，形成积极的人生态度和正确的价值取向，发展健康人格，提高文化品位和审美情趣。 （4）在初中阶段识记 3500 个常用汉字的基础上，理解并掌握阅读材料中生字、生词的音、形、义，重点掌握词语的识记与使用。不断积累词语识记的数量和正确运用词语的经验。辨析比喻、比拟、排比、反复、借代、双关、夸张、对偶、设问、反问等常见修辞手法，熟悉常见修辞手法的表达效果。了解标点符号的基本作用，能够判断常用标点符号使用的正误。 （5）掌握标题、文眼、段落、层次、过渡、详略、照应、中心思想等文章的一般知识，了解记叙文、议论文、说明文、应用文等文体的一般特征，能够判断叙述、议论、说明、描写、抒情等常见表达方式及其应用效果。	144

续表

序号	课程名称	主要教学内容	学时数
2	语文	（6）具有独立阅读的能力，有较好的语感。对一般的文章能够整体感知、理清思路、把握文意、概括要点、筛选信息、质疑解难。课外能自主阅读主流报刊、书籍和文学作品。 （7）了解写作的一般过程和规律，具有按要求进行一般书面表达的能力。能够写出满足日常生活和工作需要的实用性文章，做到中心明确、内容充实、条理清晰、表达流畅、结构合理、标点正确、文面规范。 （8）养成说普通话的习惯。普通话水平达到国家语言文字工作委员会颁布的《普通话水平测试等级标准（试行）》相应等级要求。具有日常口语交际的基本能力：听话时做到耐心专注，能理解对方说话的主要内容、观点和意图：说话时有礼貌，表达清楚、连贯、得体；讨论问题时善于倾听，能捕捉重要信息，并清楚、准确、自信、有理有据地表达自己的意见；具备演讲所需的心理素质并能运用一般演讲技巧，能够在有准备的情况下做简短的演讲；能借助语调、语气和表情、手势等体态语言提高口语交际的效果。能运用常用工具书和互联网搜集并汇总文字资料。	144
3	英语	（1）巩固和扩展英语基础知识，如词汇、语法等。 （2）加强英语综合运用能力，包括听力、口语、阅读、写作及翻译等。 （3）树立正确的学习态度，养成良好的学习习惯，掌握转载科学的学习方法。 （4）了解英、美等英语国家文化特点，能在一般性实际应用场合比较恰当地运用英语。 （5）通过英语学习实践，在与人交流、与人合作、自我学习及信息处理等方面形成一定的通用职业素质。	72
4	数学	（1）获得专业学习、岗位工作和日常生活所必需的数学基础知识，增强观察感知能力、空间想象能力、归纳类比能力、抽象概括能力和建构能力，提高运算求解技能和数据处理技能。 （2）体会数学思想和方法，提高运用数学知识技能解决专业和生活实际问题的能力。	72

续表

序号	课程名称	主要教学内容	学时数
4	数学	（3）增强独立获取数学知识的能力，提升创新意识，为职业发展和终身学习奠定基础。 （4）提高学习数学的兴趣，树立学好数学的信心，形成锲而不舍的钻研精神和科学态度。 （5）逐步认识数学的科学价值、应用价值和文化价值，崇尚数学的理性精神，从而进一步树立辩证唯物主义和历史唯物主义世界观。	72
5	历史	内容以史实为根据，真实地、严谨地、实事求是地论述中国历史。精选基础性、关键性、典型性的史事，达到所选知识的科学性和思想性。全书遵循中国历史发展脉络，传承先贤的道德规范，坚持古为今用、推陈出新，立足于技工教育历史课程核心素养的五个方面（唯物史观、时空观念、史料实证、历史阐释、家国情怀），展现中国历史画卷。	72
6	体育与健康	通过体育与健康课程的学习，学生将掌握体育与健康基础知识、运动技能和科学健身方法；培养运动兴趣和特长，养成锻炼的习惯，增强体能，增进健康；培养良好的心理素质，提高与人交流和合作的能力；发扬体育精神，并与职业精神相结合，形成积极进取、乐观开朗的生活态度。	72
7	社团活动（美育）	通过专业社团提高学生专业素质，加强团队协助，充分发挥集体主义精神，进一步巩固学生专业基础理论知识，提高学生思考能力、创新能力、动手能力和分析问题的能力。通过各类社团学习和实践，调动学生参与活动的主动性和积极性，为提高学生的综合素质和全面发展奠定了良好基础。	180
8	数字技术应用（计算机应用基础）	经过系统的学习，全面提高学生在计算机硬件、计算机系统操作、互联网应用、文字处理、数据处理、演示文稿处理和多媒体应用等方面的知识和能力。 具体目标：能识别计算机各组成配件，掌握计算机系统组成及相关操作；能设置接入互联网的方法，能使用互联网常见功能，掌握无线终端的使用方法，掌握在线学习的方法；会用文字处理软件书写常用文书，并进行格式编辑，会制作表格及图文混排；	72

续表

序号	课程名称	主要教学内容	学时数
8	数字技术应用（计算机应用基础）	会用数据处理软件录入表格，并进行格式编辑，能进行数据处理与分析；会用演示软件新建与格式化演示文稿，会执行动画与幻灯片的切换操作；会简单处理图形图像，会简单编辑音频文件与视频文件，掌握常用工具软件的使用方法；了解与计算机和信息技术相关的道德规范、法律常识。	72
9	思想政治	一方面，引导学生系统学习和掌握马克思主义理论体系、真正领悟马克思主义蕴含的内容与真理，确保他们坚定马克思主义信仰、坚定政治意志不动摇。另一方面，通过课堂教学、理论宣讲、实地参观，实践调研，提高大学生的自觉性、坚韧性，提升学生应对问题与挑战的底气。意志越是坚定，越能激发学生践行使命担当的动力。 鼓励学生将个人理想与国家理想结合起来，将爱国情、强国志、报国行自觉融入坚持和发展中国特色社会主义事业、建设社会主义现代化强国、实现中华民族伟大复兴的奋斗之中。	144
10	通用能力素质	通过树立职业理想信念，建立职业基本意识，提升通用职业能力，掌握通用职业知识，提升学生的职业竞争力，帮助学生获得理想的职业发展。通用职业能力的培养目标，首要是理解和熟悉相关方法，其次为运用相关方法提升处理从业过程中问题的效率并改善效果。	72

（三）专业基础课程（初中起点三年）

表 2.6　专业基础课程名称及教学内容表

序号	课程名称	主要教学内容	学时数
1	旅游职业道德	针对学生成长过程中面临的理想信念、价值取向、诚信意识、社会责任感、艰苦奋斗、团结协作和心理健康等问题，引导大学生树立正确的世界观、人生观、价值观、道德观，提高自身修养，将自己培养成为有理想、有道德、有文化、有纪律，全面发展的社会主义新人，自觉成长为德、智、体、美、劳全面发展的中国特色社会主义事业的合格建设者和可靠接班人。	36

续表

序号	课程名称	主要教学内容	学时数
2	旅游概论	了解旅游业的发展历程，掌握旅游业性质、构成、特点、意义和作用，了解世界、我国旅游业的调控政策和最新旅游发展动态，能在工作中运用相关知识进行服务、管理和决策。	72
3	旅游政策与法规	了解《中华人民共和国旅游法》等法律法规的相关内容；掌握景区、旅行社、导游、旅游安全、旅游投诉、合同纠纷、旅游出入境管理等相关法律、规范；能在工作中有效运用法律知识维护权益、规避风险，为将来胜任工作打下基础。	72
4	旅游服务礼仪	能形成良好的职业意识；能注重自身形象塑造，具有良好的职业形象和心理素质；能把握客人的心理，准确分析客我关系，有极强的人际交往能力和抗挫折能力。	72
5	旅游服务心理学	了解旅游者的旅游行为和心理规律，掌握影响旅游者决策行为的心理因素，能运用心理学知识提高服务质量，培养良好的职业素养。	72
6	中国旅游地理	掌握中国自然地理、经济地理、人文地理的基本知识，了解旅游区域名胜古迹的分布、形成和价值及地理风光的成因、变化和特色，懂得自然资源的开发、利用和保护。	72
7	全国导游基础知识	了解中国历史，旅游地理、民族风俗、古代建筑、古代园林、宗教文化、饮食文化、文学艺术、风物特产相关的基本知识，提升学生在讲解和对课表达中的文化内涵；掌握对文学艺术、古代建筑、古代园林的基本赏析能力；能运用相关知识进行讲解，能帮助游客在旅游活动中了解和尊重当地民俗和宗教。	108
8	旅行社运营实务	重点讲述旅行社作为独立法人资格的企业运转及管理知识。从旅行社管理史概述、企业设置、产品设计、市场营销、内部职能管理、旅行社的顾客与产业关系管理、旅行社的战略管理和信息技术管理，阐述企业管理概念、方法、职能及质量控制过程，培养学生对旅行社的独立管理能力。	72

续表

序号	课程名称	主要教学内容	学时数
9	食品营养与卫生安全	了解合理营养与健康的关系，掌握营养学基础知识、各类食品的营养价值、不同人群食品的营养要求；掌握食品营养与卫生学的基本知识；了解学科发展方向；掌握如何改善营养，预防食品污染、食品中毒和其他食源性疾病，提高健康水平，增强体质，并能运用于合理营养与膳食的实践，指导宾客平衡饮食，合理搭配膳食结构。	72
10	地方导游基础知识	是学生考取导游证书的必考课程。主要包括湖南省经济发展概况、旅游资源分布、湖南省人文地理常识、历史文化、湖南省风物特产以及地市的著名景区景点，为学生从宏观到微观掌握湖南省旅游业的文化知识提供了理论基础。通过掌握各地市风景名胜区的专业知识，转化为学生讲解导游词的实践能力，为日后成为一名合格的区域导游员奠定实践基础。	72

（四）专业技能课程（初中起点三年）

表 2.7　专业技能课程名称及教学内容表

序号	课程名称	主要教学内容	学时数
1	导游实务	掌握合格导游员应具备的条件和素质，树立良好的职业道德风尚；掌握导游员的服务规范和服务质量标准；熟知旅游常识；能独立开展导游服务，具备独立处理问题的能力，能独立应对旅游中的突发事件和游客的特殊需求，为将来从事导游工作打下良好的基础。	36
2	模拟导游	掌握地陪、全陪导游的基本工作程序，掌握不同类型景观的特征和讲解技巧、方法，熟悉接待过程中游、行、住、购、食、娱、旅途服务、突发事件应对各环节服务的实施步骤，为实地导游夯实基础，形成熟练进行标准化讲解的能力。	108

续表

序号	课程名称	主要教学内容	学时数
3	餐饮服务与管理	能按照全国职业院校技能大赛中职组酒店服务赛项的操作流程和标准进行中餐宴会摆台服务；能按照规范标准进行餐厅基本服务技能的操作，能按照规范标准进行中餐厅早、午、晚餐服务；熟练进行各种西餐厅服务；能进行规范的宴会预订与服务。	108
4	前厅与客房管理	能进行预订服务、礼宾服务、入住登记服务、收银服务、前厅其他服务和督导管理等各项工作的流程和标准并按照规范标准提供相应服务；能初步处理前厅部领班、主管的督导工作；能使用流畅的前厅对客服务用语，适应前厅各部门的工作要求。 能按照全国职业院校技能大赛中职组酒店服务赛项的操作流程和标准进行客房中式铺床和开夜床服务；能够按规范程序和标准独立完成各类客房的清扫、夜床服务，正确进行客衣收送、擦鞋、客房小酒吧控制、物品借用等服务以及客人委托代办的相关事宜；能够接待 VIP、政府代表团等各类特殊客人，提供私人管家服务。	108
5	景区讲解服务	为旅游服务与管理专业学生更好地了解家乡著名景区、风俗文化、饮食特色，特编制了校本教材。掌握本地区自然、历史、经济、文化、旅游等方面的知识；掌握地方景点的历史、文化、线路等知识；能对各景区的指定小景点进行 5 分钟讲解；能在导游讲解过程中运用多种讲解技巧。	108

（五）企业实践课程（初中起点三年）

表 2.8　企业实践课程名称及教学内容表

序号	课程名称	主要教学内容	学时数
1	综合实训	学生在校内和校外实训基地完成综合实训，实训形式可以多样化。通过综合实训，增强学生对旅游企业的感性认识，提高专业技能，培养吃苦耐劳的敬业精神，培育沟通合作能力和责任意识，为学生获取相应职业资格证书，参加顶岗实习、毕业就业打下坚实基础。	108

续表

序号	课程名称	主要教学内容	学时数
2	顶岗实习	专业顶岗实习可在专业对口用人单位主要对客服务岗位和基础管理岗位进行实习。通过岗位实作，使学生进一步巩固所学理论知识，熟练掌握旅行社计调、外联、导游、网点工作内容，树立爱岗敬业精神，提升服务意识和应变能力，增强独立工作和就业、创业能力。	540

（六）教学计划表（初中起点三年）

表 2.9　教学计划表

序号	课程名称		学时数			课程教学各学期周学时										
						一		二		三		四		五		六
						18 周		18 周		18 周		18 周		18 周		18 周
			总学时	理论	实践	理论	实践	理论	实践	理论	实践	理论	实践	理论	实践	实践
1	公共基础课	思想政治	144	144	0	2		2		2		2				
2		语文	144	144	0	4		4								
3		英语	72	72	0	4										
4		数学	72	72	0			4								
5		历史	72	72	0							4				
6		体育与健康	72	0	72		2		2							
7		社团活动（美育）	180	0	180		2		2		2		2		2	
8		数字技术应用（计算机基础）	72	0	72		4									
9		通用职业素质	72	72	0			2						2		

续表

序号	课程名称		学时数			课程教学各学期周学时										
						一		二		三		四		五		六
						18周		18周		18周		18周		18周		18周
			总学时	理论	实践	理论	实践	理论	实践	理论	实践	理论	实践	理论	实践	实践
10		德育（劳动教育）	180	0	180		2		2		2		2		2	
小计			1080	576	504	10	10	12	6	2	4	6	4	2	4	0
11	专业基础课	普通话	72	0	72						4					
12		旅游职业道德	36	36	0	2										
13		办公软件	72	0	72				4							
14		旅游概论	72	36	36	2	2									
15		中国旅游地理	72	36	36	2	2									
16		旅游服务礼仪	72	0	72						4					
17		旅游服务心理学	72	72	0							4				
18		食品营养与卫生安全	72	72	0									4		
19		旅行社运营实务	72	72	0			4								
20		旅游情境英语	72	0	72										4	
21		导游基础知识	108	72	36					4	2					

续表

序号	课程名称		学时数			课程教学各学期周学时										
						一		二		三		四		五		六
						18周		18周		18周		18周		18周		18周
			总学时	理论	实践	理论	实践	理论	实践	理论	实践	理论	实践	理论	实践	实践
22	专业基础课	地方导游基础	72	72	0							4				
23		旅游政策与法规	72	72	0					4						
24		管理与沟通	72	36	36									2	2	
小计			1008	576	432	6	4	4	4	8	10	8	0	6	6	0
25	专业技能课	模拟导游	108	0	108										6	
26		景区讲解服务	108	36	72							2	4			
27		前厅与客房管理	108	36	72							2	4			
28		餐饮服务与管理	108	36	72					2	4					
29		导游实务	72	36	36			2	2							
小计			504	144	360	0	0	2	2	2	4	4	8	0	6	0
30	企业实践课程	综合实训	108	0	108										6	
31		顶岗实习	540													540

续表

序号	课程名称	学时数			课程教学各学期周学时										
					一		二		三		四		五		六
					18周		18周		18周		18周		18周		18周
		总学时	理论	实践	理论	实践	理论	实践	理论	实践	理论	实践	理论	实践	实践
合计3240		3240			16	14	18	12	12	18	18	12	8	22	540
			理论	1296	实践	1944	理实比	2/3							

五、课程标准

（一）景区讲解服务课程标准

表 2.10　景区讲解服务课程标准

一体化课程名称	景区讲解服务	基准学时	108
典型工作任务描述			
景区景点讲解是地陪导游（或景区讲解员）在带领游客参观游览景区景点过程中，为帮助游客认识景区、加深对景区特色及文化内涵的了解而进行的景点讲解技术作业，依据湖南省旅游资源分布特征及培养人才服务地方需求的宗旨，可分为地文景观类景区讲解、水域景观类景区讲解、生物景观类景区讲解、建筑与设施类景区讲解、红色文化景观类景区讲解五个并列式工作任务。 地陪导游（或景区讲解员）从旅行社计调（或景区游客管理中心）处领取旅游接待计划，认真查阅接待计划行程安排，注意工作时间和要求，做好接待准备工作；积极主动与组团社取得联系，明确旅行团队的特点及需求；根据旅行团的需求在互联网或者已有的资料库中查阅并整理景区相关资料，提炼符合游客诉求点的相关资料；结合行程安排撰写导游词，优化游览线路设计；按时到指定地点迎接游客，介绍景区整体情况，强调游览安全注意事项，结合有声和无声语言做好景区讲解工作，引导游客欣赏和领会景区的风景文化；欢送旅行团，征求游客对讲解接待的宝贵意见，及时进行工作反馈，提高工作效率，具有良好的服务意识。 工作作业过程中，遵守《导游服务规》《旅游景区讲解服务规范》《旅游景区讲解员岗位工作标准》等标准和规范，不得强制消费，不得敲诈勒索游客，引导游客文明旅行，树立以游客为中心的服务意识。			

续表

工作内容分析		
工作对象	工具、材料、设备与资料：	工作要求
1. 接待计划任务书的阅读，与旅行社计调沟通联络； 2. 与组团社全陪、旅行团负责人等相关人员的沟通； 3. 景区讲解员岗位工作标准等要求和规范的查阅，确定工作任务流程； 4. 做好景区讲解工作的物质、心理、知识等相关准备工作； 5. 了解接待旅行团的特点及需求； 6. 合理运用互联网进行景区资料的搜集和整理提炼； 7. 撰写符合旅行团诉求的导游词； 8. 合理规划好景区讲解游览路线，提供合理的讲解服务，处理好导与游之间的关系； 9. 做好景区安全工作的提示； 10. 征求游客的服务质量评价反馈，及时总结反思； 11. 景区导游讲解工作效率和成本评估。	1. 工具：导游旗、导游旗杆、麦克风等。 2. 材料：笔、本子 3. 设备：多功能智慧黑板、手机、电脑 4. 资料：活页式教材、任务工单、课本教材、《导游服务规范》、《旅游景区讲解员岗位工作标准》、工作任务评价标准等。 **工作方法：** 景区资料查阅方法（官方渠道和参考性渠道）； 团队需求分析方法（定性分析法和定量分析法）； 景区讲解方法（突出重点法、虚实结合法等）； 工作任务实施方法（团队协作法、角色扮演法、情景模拟法等）。 **劳动组织方式：** 以 4—5 人 / 组合作的方式进行，组长进行任务分工。地接导游员（景区讲解员）从旅行社计调（游客管理服务中心）处领取任务书和旅游团队接待计划；与组团社全陪或游客代表沟通，明确团队特点和需求；做好讲解接待前各项准备工作；利用互联网等平台搜集提炼景区资料；撰写符合团队需求的导游词；为团队提供良好的景区导游讲解服务，处理好导与游之间的关系；征询游客对景区讲解服务的意见和建议；完成工作总结，向领导汇报。	1.根据任务书和接待计划，明确作业内容和要求； 2. 与全陪、计调和游客代表等相关人员进行专业沟通，记录关键内容； 3. 从满足旅行团队需求、提高旅行体验感和导游服务的规范性和工作标准，编制工作任务计划； 4. 所准备的工具、设备、材料、知识等符合讲解工作方案要求； 5. 团队需求分析必须符合年龄、职业、性别等方面特征，实事求是； 6. 资料搜集提炼以官方渠道为主，自媒体等参考性渠道资料必须进行证实，确保讲解内容准确； 7. 导游词撰写结构完整，突出团队需求，选材立意好，符合相关要求； 8. 景区游览线路合理，讲解生动有趣，合理利用有声和无声语言，灵活运用讲解技巧，处理好与游客之间的关系； 9. 作业过程中严格执行景区安全和环保管理制度，做好安全和文明旅游提醒； 10. 对已完成的工作进行记录、评价、反馈和存档。

续表

课程目标
学习完本课程后，学生应当能够胜任景区导游讲解等工作任务，并严格执行景区的安全管理制度、导游服务规范、景点讲解员工作标准等相关规定，养成团队协作、礼貌待人、吃苦耐劳、诚实守信、热情服务等良好的职业素养，形成以游客为中心的导游服务意识。具体目标为： 1. 能阅读旅游接待计划任务书，明确讲解接待时间、游览线路和讲解要求。 2. 能与游客和计调、全陪等相关人员进行专业沟通，以独立或小组合作的形式，根据旅游者的年龄、性别、职业等因素综合分析团队特点及需求制定景区讲解接待作业流程，并进行讲解接待前的准备工作。 3. 能按景区景点讲解接待作业方案，根据景区景点讲解工作流程，在规定的时间内完成地文类、水域类、生物类、建筑与设施类、红色文化类旅游景区景点讲解等工作任务。 4. 能根据导游服务规范及景区景点讲解服务规范等行业和企业服务规范，按旅游行业讲解服务标准，对景区讲解服务质量进行自我评估，及时征询游客对讲解服务的意见和建议，正确处理好导与游之间的关系，整理好相关工作资料。 5. 能展示景区景点讲解的工作技术要点，总结讲解工作经验，分析不足，提出改进措施。 6. 能分析判断中国旅游业的发展动态及趋势，遵守职业道德，具有一定的环保、安全和成本意识，养成爱护景区设施、文明讲解、热情服务等良好的职业素养，培养职业认同感。
学习内容
本课程的主要学习内容包括： 1. 工作服务规范与安全意识 旅游服务企业在社会中的地位、价值及责任；旅游景区讲解工作环境及旅游企业组织架构、导游服务规范、景区讲解服务规范、地陪导游（或景区讲解员）工作职责、景区景点讲解的工作内容及业务流程、景区景点管理制度、安全环保管理制度；景区安全事故处理及现场救护技巧等。 2. 旅游景区认知及讲解操作 旅游景区和景区讲解人员的认知；景区引导技巧和讲解服务；景区讲解导游词撰写技巧；景区讲解的语言技巧；讲解风格的选择技巧等。 3. 景区讲解的业务流程及资料的认知与运用 岗位认知；旅游接待计划书的识读与运用；接待游客的需求分析；利用互联网等渠道搜索景区资料；结合游客需求撰写个性化导游词等。 4. 不同类型景区的欣赏及引导讲解 地文景观类（山岳、岩溶岩洞）景区的欣赏角度及引导技巧；水域景观类（江河、湖泊、名泉名瀑）景区的欣赏角度及引导技巧；生物景观类（园林景观）景区的欣赏角度及引导技巧；建筑与设施景观类（坛庙陵墓、都市名胜、文物古迹）景区的欣赏角度及引导技巧；红色文化类（红色）景区的欣赏角度及引导技巧。

续表

5. 讲解前的准备工作 （1）物质准备：导游讲解的工具或器材，如小蜜蜂、导游旗等；携带景点导游工作牌或胸卡（导游证）等；导游图册或导游资料、质量反馈表等。 （2）形象准备：仪表、仪容、仪态 （3）知识准备：了解景区情况，不断学习与积累；了解自己知识缺陷，及时补充新知；了解游客，分析游客需求，有针对性地进行知识准备。 （4）心理准备：调整好自身情绪，以热情饱满的态度迎接游客；正确面对游客的批评、挑剔和反驳；敢于面对和接受各种挑战，善于处理各种突发事件和问题；善于利用各种情绪。 （5）计划准备：旅游团情况、团队成员情况、客源地概况等；游客有无特殊要求和注意事项、游客的其他行程安排等。 6. 景区景点讲解的实施 不同类型（地文类、水域类、生物类、建筑与设施类、红色类）景区景点的讲解实施：如流畅地进行景区景点讲解、讲解中有声和无声语言的合理运用、讲解中及时回答游客问答、讲解中处理好导与游之间的关系等。 7. 景区景点讲解质量的检验与评估 导游服务规范质量标准的查阅；景区讲解服务规范标准的查阅；游客服务质量跟踪反馈等。			
参考性（校本层面）学习任务			
序号	名称	学习任务（学习情境）描述	参考学时
1	湖南张家界天门山景点讲解服务	春暖花开时节，红太阳旅行社将组织湖南湘潭青少年旅行团赴湖南张家界天门山景区进行爬山体验，感受春天里户外山水文化，锻炼身体，增强体质。现需地陪或景区讲解员完成本次天门山景点的导游讲解工作。 地陪导游（景区讲解员）从旅行社或者游客服务中心领取旅游接待任务单，明确工作时间和要求；根据相关要求做好物质、知识和心理等方面的准备工作；结合自身经验和任务要求进行接待团队的特征和需求分析；有针对性地利用互联网查阅景区资料并撰写个性化导游词；带领团队参观游览并提供合理的导游讲解服务，提供游客景区安全注意事项；征询游客对讲解服务的意见和建议，进行工作总结；相关资料反馈给上级领导。	8

续表

学习目标	学习内容
1. 能有效阅读旅游接待计划表，与计调、全陪、游客进行沟通，明确接待要求； 2. 能依据旅游接待要求做好讲解接待前的物质、心理、形象、知识及计划五方面的准备工作； 3. 能客观正确地分析青少年旅行团队的需求特征； 4. 能巧妙运用互联网等渠道搜集提炼积累天门山景区资料；	知识点： 1. 旅游接待计划表的信息读取及思维导图的绘制； 2. 讲解接待前物质、心理、形象、知识及计划准备的具体内容和注意事项； 3. 青少年旅行团队的需求特征； 4. 导游词的结构及撰写的方法； 5. 客源地湘潭的相关知识； 6. 导游讲解的方法及有声和无声语言的要求； 7. 天门山景区的引导技巧和景区景点知识； 8. 天门山景区的管理规定及安全注意事项； 9. 欢送词的结构及内容。
5. 能运用山地旅游景观的引导和讲解方法技巧，有效使用有声和无声语言，提供热情、流畅、正确的景区景点导游讲解服务； 6. 能在讲解接待中正确处理好导与游的关系，树立以游客为中心的服务意识； 7. 能征询游客反馈意见，及时自我总结反思。	技能点： 1. 旅游接待计划表信息的读取、提炼和整理，与计调等工作人员进行信息沟通； 2. 景区景点导游讲解所需的物品、形象、心理及知识的准备； 3. 结合青少年游客特征合理分析游客需求； 4. 善用互联网等渠道搜集天门山景区素材，依据青少年游客需求提炼天门山景区知识； 5. 符合青少年游客需求特征导游词的撰写； 6. 客源地湘潭政治、经济、文化等知识的搜集准备； 7. 运用山地旅游景观的引导和讲解方法技巧，有效使用有声和无声语言，提供热情、流畅、正确的景区景点导游讲解服务； 8. 讲解接待中正确处理好导与游的关系，征询游客反馈意见，及时自我总结反思。 通用能力点：自主学习、沟通表达、搜集提炼、归纳整理、自我管理。

序号	名称	学习任务（学习情境）描述	参考学时
2	湖南新宁崀山景区讲解服务	三八妇女节，红太阳旅行社将组织湖南长沙某企业妇女旅行团赴湖南新宁崀山景区进行游玩。现需地陪或景区讲解员完成本次崀山景区的导游讲解工作。	8

续表

2	湖南新宁崀山景区讲解服务	地陪导游（景区讲解员）从旅行社或者游客服务中心领取旅游接待任务单，明确工作时间和要求；根据相关要求做好物质、知识和心理等方面的准备工作；结合自身经验和任务要求进行接待团队的特征和需求分析；有针对性地利用互联网查阅景区资料并撰写个性化导游词；带领团队参观游览并提供合理的导游讲解服务，提供游客景区安全注意事项；征询游客对讲解服务的意见和建议，进行工作总结；相关资料反馈给上级领导。	8

学习目标	学习内容
1. 能有效阅读旅游接待计划表，与计调、全陪、游客进行沟通，明确接待要求； 2. 能依据旅游接待要求做好讲解接待前的物质、心理、形象、知识及计划五方面的准备工作； 3. 能客观正确地分析妇女旅行团队的需求特征； 4. 能巧妙运用互联网等渠道搜集提炼积累崀山景区资料； 5. 能运用山地旅游景观的引导和讲解方法技巧，有效使用有声和无声语言，提供热情、流畅、正确的景区景点导游讲解服务； 6. 能在讲解接待中正确处理好导与游的关系，树立以游客为中心的服务意识； 7. 能征询游客反馈意见，及时自我总结反思。	知识点： 1. 旅游接待计划表的信息读取及思维导图的绘制； 2. 讲解接待前物质、心理、形象、知识及计划准备的具体内容和注意事项； 3. 妇女旅行团队的需求特征； 4. 导游词的结构及撰写的方法； 5. 客源地长沙的相关知识； 6. 导游讲解的方法及有声和无声语言的要求； 7. 崀山景区的引导技巧和景区景点知识； 8. 崀山景区的管理规定及安全注意事项； 9. 欢送词的结构及内容。 技能点： 1. 旅游接待计划表信息的读取、提炼和整理，与计调等工作人员进行信息沟通； 2. 景区景点导游讲解所需的物品、形象、心理及知识的准备； 3. 结合妇女游客特征合理分析游客需求； 4. 善用互联网等渠道搜集崀山景区素材，依据青少年游客需求提炼崀山景区知识； 5. 符合妇女型游客需求特征导游词的撰写； 6. 客源地长沙政治、经济、文化等知识的搜集准备； 7. 运用山地旅游景观的引导和讲解方法技巧，有效使用有声和无声语言，提供热情、流畅、正确的景区景点导游讲解服务； 8. 讲解接待中正确处理好导与游的关系，征询游客反馈意见，及时自我总结反思。 通用能力点：自主学习、沟通表达、搜集提炼、归纳整理、自我管理。

续表

序号	名称	学习任务（学习情境）描述	参考学时
3	湖南张家界天子山景点讲解服务	临近清明节，红太阳旅行社将组织湖南郴州地区商务型旅行团赴湖南张家界天子山景区进行游玩。现需地陪或景区讲解员完成本次天子山景点的导游讲解工作。 地陪导游（景区讲解员）从旅行社或者游客服务中心领取旅游接待任务单，明确工作时间和要求；根据相关要求做好物质、知识和心理等方面的准备工作；结合自身经验和任务要求进行接待团队的特征和需求分析；有针对性地利用互联网查阅景区资料并撰写个性化导游词；带领团队参观游览并提供合理的导游讲解服务，提供游客景区安全注意事项；征询游客对讲解服务的意见和建议，进行工作总结；相关资料反馈给上级领导。	8
学习目标		学习内容	
1. 能有效阅读旅游接待计划表，与计调、全陪、游客进行沟通，明确接待要求； 2. 能依据旅游接待要求做好讲解接待前的物质、心理、形象、知识及计划五方面的准备工作； 3. 能客观正确地分析商务型旅行团队的需求特征； 4. 能巧妙运用互联网等渠道搜集提炼积累天子山景区资料； 5. 能运用山地旅游景观的引导和讲解方法技巧，有效使用有声和无声语言，提供热情、流畅、正确的景区景点导游讲解服务；		知识点： 1. 旅游接待计划表的信息读取及思维导图的绘制； 2. 讲解接待前物质、心理、形象、知识及计划准备的具体内容和注意事项； 3. 商务型旅行团队的需求特征； 4. 导游词的结构及撰写的方法； 5. 客源地郴州的相关知识； 6. 导游讲解的方法及有声和无声语言的要求； 7. 天子山景区的引导技巧和景区景点知识； 8. 天子山景区的管理规定及安全注意事项； 9. 欢送词的结构及内容。 技能点： 1. 旅游接待计划表信息的读取、提炼和整理，与计调等工作人员进行信息沟通； 2. 景区景点导游讲解所需的物品、形象、心理及知识的准备； 3. 结合商务型游客特征合理分析游客需求； 4. 善用互联网等渠道搜集天子山景区素材，依据商务型游客需求提炼天子山景区知识；	

续表

6. 能在讲解接待中正确处理好导与游的关系，树立以游客为中心的服务意识； 7. 能征询游客反馈意见，及时自我总结反思。		5. 符合商务型游客需求特征导游词的撰写； 6. 客源地郴州政治、经济、文化等知识的搜集准备； 7. 运用山地旅游景观的引导和讲解方法技巧，有效使用有声和无声语言，提供热情、流畅、正确的景区景点导游讲解服务； 8. 讲解接待中正确处理好导与游的关系，征询游客反馈意见，及时自我总结反思。 通用能力点：自主学习、沟通表达、搜集提炼、归纳整理、自我管理。	
序号	名称	学习任务（学习情境）描述	参考学时
4	湖南张家界黄龙洞景点讲解服务	“五一”假期，红太阳旅行社将组织来自湖南永州地区老年旅行团赴湖南张家界黄龙洞景点进行游览体验。现需地陪或景区讲解员完成本次黄龙洞景点的导游讲解工作。 地陪导游（景区讲解员）从旅行社或者游客服务中心领取旅游接待任务单，明确工作时间和要求；根据相关要求做好物质、知识和心理等方面的准备工作；结合自身经验和任务要求进行接待团队的特征和需求分析；有针对性地利用互联网查阅景区资料并撰写个性化导游词；带领团队参观游览并提供合理的导游讲解服务，提供游客景区安全注意事项；征询游客对讲解服务的意见和建议，进行工作总结；相关资料反馈给上级领导。	8
学习目标		学习内容	
1. 能有效阅读旅游接待计划表，与计调、全陪、游客进行沟通，明确接待要求； 2. 能依据旅游接待要求做好讲解接待前的物质、心理、形象、知识及计划五方面的准备工作； 3. 能客观正确地分析老年人旅行团队的需求特征；		知识点： 1. 旅游接待计划表的信息读取及思维导图的绘制； 2. 讲解接待前物质、心理、形象、知识及计划准备的具体内容和注意事项； 3. 老年人旅行团队的需求特征； 4. 导游词的结构及撰写的方法； 5. 客源地永州的相关知识； 6. 导游讲解的方法及有声和无声语言的要求； 7. 黄龙洞景区的引导技巧和景区景点知识； 8. 黄龙洞景区的管理规定及安全注意事项； 9. 欢送词的结构及内容。	

续表

4. 能巧妙运用互联网等渠道搜集提炼积累黄龙洞景区资料； 5. 能运用岩溶岩洞旅游景观的引导和讲解方法技巧，有效使用有声和无声语言，提供热情、流畅、正确的景区景点导游讲解服务； 6. 能在讲解接待中正确处理好导与游的关系，树立以游客为中心的服务意识； 7. 能征询游客反馈意见，及时自我总结反思。		技能点： 1. 旅游接待计划表信息的读取、提炼和整理，与计调等工作人员进行信息沟通； 2. 景区景点导游讲解所需的物品、形象、心理及知识的准备； 3. 结合老年人游客特征合理分析游客需求； 4. 善用互联网等渠道搜集黄龙洞景区素材，依据老年人游客需求提炼黄龙洞景区知识； 5. 符合老年人游客需求特征导游词的撰写； 6. 客源地永州政治、经济、文化等知识的搜集准备； 7. 运用岩溶岩洞旅游景观的引导和讲解方法技巧，有效使用有声和无声语言，提供热情、流畅、正确的景区景点导游讲解服务； 8. 讲解接待中正确处理好导与游的关系，征询游客反馈意见，及时自我总结反思。 通用能力点：自主学习、沟通表达、搜集提炼、归纳整理、自我管理。	
序号	名称	学习任务（学习情境）描述	参考学时
5	湖南资兴东江湖景区讲解服务	东江湖生态治理成了湖南省良好的示范工程，红太阳旅行社将组织湖南株洲地区的政务旅行团赴湖南资兴东江湖进行游览体验。现需地陪或景区讲解员完成本次东江湖的导游讲解工作。 地陪导游（景区讲解员）从旅行社或者游客服务中心领取旅游接待任务单，明确工作时间和要求；根据相关要求做好物质、知识和心理等方面的准备工作；结合自身经验和任务要求进行接待团队的特征和需求分析；有针对性地利用互联网查阅景区资料并撰写个性化导游词；带领团队参观游览并提供合理的导游讲解服务，提供游客景区安全注意事项；征询游客对讲解服务的意见和建议，进行工作总结；相关资料反馈给上级领导。	8
学习目标		学习内容	
1. 能有效阅读旅游接待计划表，与计调、全陪、游客进行沟通，明确接待要求；		知识点： 1. 旅游接待计划表的信息读取及思维导图的绘制；	

续表

2. 能依据旅游接待要求做好讲解接待前的物质、心理、形象、知识及计划五方面的准备工作； 3. 能客观正确地分析政务型旅行团队的需求特征； 4. 能巧妙运用互联网等渠道搜集提炼积累东江湖景区资料； 5. 能运用湖泊旅游景观的引导和讲解方法技巧，有效使用有声和无声语言，提供热情、流畅、正确的景区景点导游讲解服务； 6. 能在讲解接待中正确处理好导与游的关系，树立以游客为中心的服务意识； 7. 能征询游客反馈意见，及时自我总结反思。		2. 讲解接待前物质、心理、形象、知识及计划准备的具体内容和注意事项； 3. 政务型旅行团队的需求特征； 4. 导游词的结构及撰写的方法； 5. 客源地株洲的相关知识； 6. 导游讲解的方法及有声和无声语言的要求； 7. 东江湖景区的引导技巧和景区景点知识； 8. 东江湖景区的管理规定及安全注意事项； 9. 欢送词的结构及内容。 技能点： 1. 旅游接待计划表信息的读取、提炼和整理，与计调等工作人员进行信息沟通； 2. 景区景点导游讲解所需的物品、形象、心理及知识的准备； 3. 结合政务型游客特征合理分析游客需求； 4. 善用互联网等渠道搜集东江湖景区素材，依据政务型游客需求提炼东江湖景区知识； 5. 符合政务型游客需求特征导游词的撰写； 6. 客源地株洲政治、经济、文化等知识的搜集准备； 7. 运用湖泊旅游景观的引导和讲解方法技巧，有效使用有声和无声语言，提供热情、流畅、正确的景区景点导游讲解服务； 8. 讲解接待中正确处理好导与游的关系，征询游客反馈意见，及时自我总结反思。 通用能力点：自主学习、沟通表达、搜集提炼、归纳整理、自我管理。	
序号	名称	学习任务（学习情境）描述	参考学时
6	湖南省植物园景区讲解服务	春天百花齐放，红太阳旅行社将组织来自湖南岳阳地区的残疾人旅行团赴湖南省植物园景区进行游览体验。现需地陪或景区讲解员完成本次湖南省植物园景区的导游讲解工作。 地陪导游（景区讲解员）从旅行社或者游客服务中心领取旅游接待任务单，明确工作时间和要求；根据相关要求做好物质、知识和心理等方面的准备工作；结合自身经验和任务要求进行接待团队的特征和需求分析；	8

续表

6	湖南省植物园景区讲解服务	有针对性地利用互联网查阅景区资料并撰写个性化导游词；带领团队参观游览并提供合理的导游讲解服务，提供游客景区安全注意事项；征询游客对讲解服务的意见和建议，进行工作总结；相关资料反馈给上级领导。	8
学习目标		学习内容	
1. 能有效阅读旅游接待计划表，与计调、全陪、游客进行沟通，明确接待要求； 2. 能依据旅游接待要求做好讲解接待前的物质、心理、形象、知识及计划五方面的准备工作； 3. 能客观正确地分析残疾人旅行团队的需求特征； 4. 能巧妙运用互联网等渠道搜集提炼积累省植物园景区资料； 5. 能运用园林旅游景观的引导和讲解方法技巧，有效使用有声和无声语言，提供热情、流畅、正确的景区景点导游讲解服务； 6. 能在讲解接待中正确处理好导与游的关系，树立以游客为中心的服务意识； 7. 能征询游客反馈意见，及时自我总结反思。		知识点： 1. 旅游接待计划表的信息读取及思维导图的绘制； 2. 讲解接待前物质、心理、形象、知识及计划准备的具体内容和注意事项； 3. 残疾人旅行团队的需求特征； 4. 导游词的结构及撰写的方法； 5. 客源地岳阳的相关知识； 6. 导游讲解的方法及有声和无声语言的要求； 7. 省植物园景区的引导技巧和景区景点知识； 8. 省植物园景区的管理规定及安全注意事项； 9. 欢送词的结构及内容。 技能点： 1. 旅游接待计划表信息的读取、提炼和整理，与计调等工作人员进行信息沟通； 2. 景区景点导游讲解所需的物品、形象、心理及知识的准备； 3. 结合残疾人游客特征合理分析游客需求； 4. 善用互联网等渠道搜集省植物园景区素材，依据残疾人游客需求提炼省植物园景区知识； 5. 符合老年人游客需求特征导游词的撰写； 6. 客源地岳阳政治、经济、文化等知识的搜集准备； 7. 运用园林旅游景观的引导和讲解方法技巧，有效使用有声和无声语言，提供热情、流畅、正确的景区景点导游讲解服务； 8. 讲解接待中正确处理好导与游的关系，征询游客反馈意见，及时自我总结反思。 通用能力点：自主学习、沟通表达、搜集提炼、归纳整理、自我管理。	

续表

序号	名称	学习任务（学习情境）描述	参考学时
7	湖南省博物馆马王堆汉墓陈列馆讲解服务	暑假期间，红太阳旅行社将组织来自湖南怀化地区的初中生研学旅行团赴湖南省博物馆马王堆汉墓陈列馆进行游览体验。现需地陪或景区讲解员完成本次湖南省博物馆马王堆汉墓陈列馆的导游讲解工作。 地陪导游（景区讲解员）从旅行社或者游客服务中心领取旅游接待任务单，明确工作时间和要求；根据相关要求做好物质、知识和心理等方面的准备工作；结合自身经验和任务要求进行接待团队的特征和需求分析；有针对性地利用互联网查阅景区资料并撰写个性化导游词；带领团队参观游览并提供合理的导游讲解服务，提供游客景区安全注意事项；征询游客对讲解服务的意见和建议，进行工作总结；相关资料反馈给上级领导。	8
学习目标		学习内容	
1. 能有效阅读旅游接待计划表，与计调、全陪、游客进行沟通，明确接待要求； 2. 能依据旅游接待要求做好讲解接待前的物质、心理、形象、知识及计划五方面的准备工作； 3. 能客观正确地分析初中生研学旅行团队的需求特征； 4. 能巧妙运用互联网等渠道搜集提炼积累马王堆汉墓陈列馆景区资料； 5. 能运用博物馆旅游景观的引导和讲解方法技巧，有效使用有声和无声语言，提供热情、流畅、正确的景区景点导游讲解服务；		知识点： 1. 旅游接待计划表的信息读取及思维导图的绘制； 2. 讲解接待前物质、心理、形象、知识及计划准备的具体内容和注意事项； 3. 初中生研学旅行团队的需求特征； 4. 导游词的结构及撰写的方法； 5. 客源地怀化的相关知识； 6. 导游讲解的方法及有声和无声语言的要求； 7. 马王堆汉墓陈列馆的引导技巧和景区景点知识； 8. 马王堆汉墓陈列馆的管理规定及安全注意事项； 9. 欢送词的结构及内容。 技能点： 1. 旅游接待计划表信息的读取、提炼和整理，与计调等工作人员进行信息沟通； 2. 景区景点导游讲解所需的物品、形象、心理及知识的准备； 3. 结合初中生研学游客特征合理分析游客需求； 4. 善用互联网等渠道搜集马王堆汉墓陈列馆景区素材，依据初中生研学游客需求提炼马王堆汉墓陈列馆景区知识；	

续表

<table>
<tr><td colspan="2">6. 能在讲解接待中正确处理好导与游的关系，树立以游客为中心的服务意识；
7. 能征询游客反馈意见，及时自我总结反思。</td><td colspan="2">5. 符合初中生研学游客需求特征导游词的撰写；
6. 客源地怀化政治、经济、文化等知识的搜集准备；
7. 运用博物馆旅游景观的引导和讲解方法技巧，有效使用有声和无声语言，提供热情、流畅、正确的景区景点导游讲解服务；
8. 讲解接待中正确处理好导与游的关系，征询游客反馈意见，及时自我总结反思。
通用能力点：自主学习、沟通表达、搜集提炼、归纳整理、自我管理。</td></tr>
<tr><th>序号</th><th>名称</th><th>学习任务（学习情境）描述</th><th>参考学时</th></tr>
<tr><td>8</td><td>湖南衡山南岳大庙景点讲解服务</td><td>新春伊始，红太阳旅行社将组织来自湖南邵阳地区的宗教旅行团赴湖南衡山南岳大庙景点进行游览体验。现需地陪或景区讲解员完成本次南岳大庙的导游讲解工作。
地陪导游（景区讲解员）从旅行社或者游客服务中心领取旅游接待任务单，明确工作时间和要求；根据相关要求做好物质、知识和心理等方面的准备工作；结合自身经验和任务要求进行接待团队的特征和需求分析；有针对性地利用互联网查阅景区资料并撰写个性化导游词；带领团队参观游览并提供合理的导游讲解服务，提供游客景区安全注意事项；征询游客对讲解服务的意见和建议，进行工作总结；相关资料反馈给上级领导。</td><td>8</td></tr>
<tr><th colspan="2">学习目标</th><th colspan="2">学习内容</th></tr>
<tr><td colspan="2">1. 能有效阅读旅游接待计划表，与计调、全陪、游客进行沟通，明确接待要求；
2. 能依据旅游接待要求做好讲解接待前的物质、心理、形象、知识及计划五方面的准备工作；
3. 能客观正确地分析宗教旅行团队的需求特征；</td><td colspan="2">知识点：
1. 旅游接待计划表的信息读取及思维导图的绘制；
2. 讲解接待前物质、心理、形象、知识及计划准备的具体内容和注意事项；
3. 宗教型旅行团队的需求特征；
4. 导游词的结构及撰写的方法；
5. 客源地邵阳的相关知识；
6. 导游讲解的方法及有声和无声语言的要求；
7. 南岳衡山景区的引导技巧和景区景点知识；
8. 南岳衡山景区的管理规定及安全注意事项；</td></tr>
</table>

续表

4. 能巧妙运用互联网等渠道搜集提炼积累南岳衡山景区资料； 5. 能运用宗教旅游景观的引导和讲解方法技巧，有效使用有声和无声语言，提供热情、流畅、正确的景区景点导游讲解服务； 6. 能在讲解接待中正确处理好导与游的关系，树立以游客为中心的服务意识； 7. 能征询游客反馈意见，及时自我总结反思。		9. 欢送词的结构及内容。 技能点： 1. 旅游接待计划表信息的读取、提炼和整理，与计调等工作人员进行信息沟通； 2. 景区景点导游讲解所需的物品、形象、心理及知识的准备； 3. 结合宗教游客特征合理分析游客需求； 4. 善用互联网等渠道搜集南岳衡山景区素材，依据宗教游客需求提炼南岳衡山景区知识； 5. 符合宗教游客需求特征导游词的撰写； 6. 客源地邵阳政治、经济、文化等知识的搜集准备； 7. 运用宗教旅游景观的引导和讲解方法技巧，有效使用有声和无声语言，提供热情、流畅、正确的景区景点导游讲解服务； 8. 讲解接待中正确处理好导与游的关系，征询游客反馈意见，及时自我总结反思。 通用能力点：自主学习、沟通表达、搜集提炼、归纳整理、自我管理。	
序号	名称	学习任务（学习情境）描述	参考学时
9	湖南岳阳楼景点讲解服务	红太阳旅行社将组织来自湖南张家界地区的豪华型旅行团赴湖南岳阳楼进行游览体验。现需地陪或景区讲解员完成本次岳阳楼景点的导游讲解工作。 地陪导游（景区讲解员）从旅行社或者游客服务中心领取旅游接待任务单，明确工作时间和要求；根据相关要求做好物质、知识和心理等方面的准备工作；结合自身经验和任务要求进行接待团队的特征和需求分析；有针对性地利用互联网查阅景区资料并撰写个性化导游词；带领团队参观游览并提供合理的导游讲解服务，提供游客景区安全注意事项；征询游客对讲解服务的意见和建议，进行工作总结；相关资料反馈给上级领导。	8

续表

学习目标	学习内容
1. 能有效阅读旅游接待计划表，与计调、全陪、游客进行沟通，明确接待要求； 2. 能依据旅游接待要求做好讲解接待前的物质、心理、形象、知识及计划五方面的准备工作； 3. 能客观正确地分析豪华型旅行团队的需求特征； 4. 能巧妙运用互联网等渠道搜集提炼积累岳阳楼景区资料； 5. 能运用都市与名胜旅游景观的引导和讲解方法技巧，有效使用有声和无声语言，提供热情、流畅、正确的景区景点导游讲解服务； 6. 能在讲解接待中正确处理好导与游的关系，树立以游客为中心的服务意识； 7. 能征询游客反馈意见，及时自我总结反思。	知识点： 1. 旅游接待计划表的信息读取及思维导图的绘制； 2. 讲解接待前物质、心理、形象、知识及计划准备的具体内容和注意事项； 3. 豪华型旅行团队的需求特征； 4. 导游词的结构及撰写的方法； 5. 客源地张家界的相关知识； 6. 导游讲解的方法及有声和无声语言的要求； 7. 岳阳楼景区的引导技巧和景区景点知识； 8. 岳阳楼景区的管理规定及安全注意事项； 9. 欢送词的结构及内容。 技能点： 1. 旅游接待计划表信息的读取、提炼和整理，与计调等工作人员进行信息沟通； 2. 景区景点导游讲解所需的物品、形象、心理及知识的准备； 3. 结合豪华型游客特征合理分析游客需求； 4. 善用互联网等渠道搜集岳阳楼景区素材，依据豪华型游客需求提炼岳阳楼景区知识； 5. 符合豪华型游客需求特征导游词的撰写； 6. 客源地张家界政治、经济、文化等知识的搜集准备； 7. 运用都市与名胜旅游景观的引导和讲解方法技巧，有效使用有声和无声语言，提供热情、流畅、正确的景区景点导游讲解服务； 8. 讲解接待中正确处理好导与游的关系，征询游客反馈意见，及时自我总结反思。 通用能力点：自主学习、沟通表达、搜集提炼、归纳整理、自我管理。

序号	名称	学习任务（学习情境）描述	参考学时
10	湖南湘西凤凰古城景区讲解服务	七七情人节之际，红太阳旅行社将组织来自湖南益阳情侣旅行团赴湖南湘西凤凰古城进行游览体验。现需地陪或景区讲解员完成本次湘西凤凰古城景区的导游讲解工作。	8

续表

10	湖南湘西凤凰古城景区讲解服务	地陪导游（景区讲解员）从旅行社或者游客服务中心领取旅游接待任务单，明确工作时间和要求；根据相关要求做好物质、知识和心理等方面的准备工作；结合自身经验和任务要求进行接待团队的特征和需求分析；有针对性地利用互联网查阅景区资料并撰写个性化导游词；带领团队参观游览并提供合理的导游讲解服务，提供游客景区安全注意事项；征询游客对讲解服务的意见和建议，进行工作总结；相关资料反馈给上级领导。	8
学习目标		学习内容	
1. 能有效阅读旅游接待计划表，与计调、全陪、游客进行沟通，明确接待要求； 2. 能依据旅游接待要求做好讲解接待前的物质、心理、形象、知识及计划五方面的准备工作； 3. 能客观正确地分析情侣旅行团队的需求特征； 4. 能巧妙运用互联网等渠道搜集提炼积累凤凰古城景区资料； 5. 能运用文物古迹旅游景观的引导和讲解方法技巧，有效使用有声和无声语言，提供热情、流畅、正确的景区景点导游讲解服务； 6. 能在讲解接待中正确处理好导与游的关系，树立以游客为中心的服务意识； 7. 能征询游客反馈意见，及时自我总结反思。		知识点： 1. 旅游接待计划表的信息读取及思维导图的绘制； 2. 讲解接待前物质、心理、形象、知识及计划准备的具体内容和注意事项； 3. 情侣旅行团队的需求特征； 4. 导游词的结构及撰写的方法； 5. 客源地益阳的相关知识； 6. 导游讲解的方法及有声和无声语言的要求； 7. 凤凰古城景区的引导技巧和景区景点知识； 8. 凤凰古城景区的管理规定及安全注意事项； 9. 欢送词的结构及内容。 技能点： 1. 旅游接待计划表信息的读取、提炼和整理，与计调等工作人员进行信息沟通； 2. 景区景点导游讲解所需的物品、形象、心理及知识的准备； 3. 结合情侣游客特征合理分析游客需求； 4. 善用互联网等渠道搜集凤凰古城景区素材，依据情侣游客需求提炼凤凰古城景区知识； 5. 符合情侣游客需求特征导游词的撰写； 6. 客源地益阳政治、经济、文化等知识的搜集准备； 7. 运用文物古迹旅游景观的引导和讲解方法技巧，有效使用有声和无声语言，提供热情、流畅、正确的景区景点导游讲解服务； 8. 讲解接待中正确处理好导与游的关系，征询游客反馈意见，及时自我总结反思。 通用能力点：自主学习、沟通表达、搜集提炼、归纳整理、自我管理。	

续表

序号	名称	学习任务（学习情境）描述	参考学时
11	湖南韶山毛泽东同志故居景点讲解服务	红太阳旅行社将组织来自湖南娄底地区的小学高年级研学旅行团赴湖南韶山进行研学体验。现需地陪或景区讲解员完成毛泽东同志故居景点的导游讲解工作。 地陪导游（景区讲解员）从旅行社或者游客服务中心领取旅游接待任务单，明确工作时间和要求；根据相关要求做好物质、知识和心理等方面的准备工作；结合自身经验和任务要求进行接待团队的特征和需求分析；有针对性地利用互联网查阅景区资料并撰写个性化导游词；带领团队参观游览并提供合理的导游讲解服务，提供游客景区安全注意事项；征询游客对讲解服务的意见和建议，进行工作总结；相关资料反馈给上级领导。	8

学习目标	学习内容
1. 能有效阅读旅游接待计划表，与计调、全陪、游客进行沟通，明确接待要求； 2. 能依据旅游接待要求做好讲解接待前的物质、心理、形象、知识及计划五方面的准备工作； 3. 能客观正确地分析小学高年级研学旅行团队的需求特征； 4. 能巧妙运用互联网等渠道搜集提炼积累毛泽东故居景区资料； 5. 能运用红色旅游景观的引导和讲解方法技巧，有效使用有声和无声语言，提供热情、流畅、正确的景区景点导游讲解服务；	知识点： 1. 旅游接待计划表的信息读取及思维导图的绘制； 2. 讲解接待前物质、心理、形象、知识及计划准备的具体内容和注意事项； 3. 小学高年级研学型旅行团队的需求特征； 4. 导游词的结构及撰写的方法； 5. 客源地娄底的相关知识； 6. 导游讲解的方法及有声和无声语言的要求； 7. 毛泽东故居景区的引导技巧和景区景点知识； 8. 毛泽东故居景区的管理规定及安全注意事项； 9. 欢送词的结构及内容。 技能点： 1. 旅游接待计划表信息的读取、提炼和整理，与计调等工作人员进行信息沟通； 2. 景区景点导游讲解所需的物品、形象、心理及知识的准备； 3. 结合小学高年级研学型游客特征合理分析游客需求； 4. 善用互联网等渠道搜集毛泽东故居景区素材，依据小学高年级研学团游客需求提炼毛泽东故居景区知识；

续表

<table>
<tr><td colspan="2">6. 能在讲解接待中正确处理好导与游的关系，树立以游客为中心的服务意识；
7. 能征询游客反馈意见，及时自我总结反思。</td><td colspan="2">5. 符合小学高年级研学团游客需求特征导游词的撰写；
6. 客源地娄底政治、经济、文化等知识的搜集准备；
7. 运用红色旅游景观的引导和讲解方法技巧，有效使用有声和无声语言，提供热情、流畅、正确的景区景点导游讲解服务；
8. 讲解接待中正确处理好导与游的关系，征询游客反馈意见，及时自我总结反思。
通用能力点：自主学习、沟通表达、搜集提炼、归纳整理、自我管理。</td></tr>
<tr><th>序号</th><th>名称</th><th>学习任务（学习情境）描述</th><th>参考学时</th></tr>
<tr><td>12</td><td>湖南宁乡花明楼景区讲解服务</td><td>红太阳旅行社将组织来自湖南韶山地区的高中生研学旅行团赴湖南宁乡花明楼进行游览体验。现需地陪或景区讲解员完成宁乡花明楼景区的导游讲解工作。
地陪导游（景区讲解员）从旅行社或者游客服务中心领取旅游接待任务单，明确工作时间和要求；根据相关要求做好物质、知识和心理等方面的准备工作；结合自身经验和任务要求进行接待团队的特征和需求分析；有针对性地利用互联网查阅景区资料并撰写个性化导游词；带领团队参观游览并提供合理的导游讲解服务，提供游客景区安全注意事项；征询游客对讲解服务的意见和建议，进行工作总结；相关资料反馈给上级领导。</td><td>8</td></tr>
<tr><th colspan="2">学习目标</th><th colspan="2">学习内容</th></tr>
<tr><td colspan="2">1. 能有效阅读旅游接待计划表，与计调、全陪、游客进行沟通，明确接待要求；
2. 能依据旅游接待要求做好讲解接待前的物质、心理、形象、知识及计划五方面的准备工作；
3. 能客观正确地分析高中生研学旅行团队的需求特征；</td><td colspan="2">知识点：
1. 旅游接待计划表的信息读取及思维导图的绘制；
2. 讲解接待前物质、心理、形象、知识及计划准备的具体内容和注意事项；
3. 高中生研学旅行团队的需求特征；
4. 导游词的结构及撰写的方法；
5. 客源地韶山的相关知识；
6. 导游讲解的方法及有声和无声语言的要求；
7. 花明楼景区的引导技巧和景区景点知识；
8. 花明楼景区的管理规定及安全注意事项；
9. 欢送词的结构及内容。</td></tr>
</table>

续表

4. 能巧妙运用互联网等渠道搜集提炼积累花明楼景区资料； 5. 能运用红色旅游景观的引导和讲解方法技巧，有效使用有声和无声语言，提供热情、流畅、正确的景区景点导游讲解服务； 6. 能在讲解接待中正确处理好导与游的关系，树立以游客为中心的服务意识； 7. 能征询游客反馈意见，及时自我总结反思。	技能点： 1. 旅游接待计划表信息的读取、提炼和整理，与计调等工作人员进行信息沟通； 2. 景区景点导游讲解所需的物品、形象、心理及知识的准备； 3. 结合高中生研学游客特征合理分析游客需求； 4. 善用互联网等渠道搜集花明楼景区素材，依据高中生研学游客需求提炼花明楼景区知识； 5. 符合高中生研学型游客需求特征导游词的撰写； 6. 客源地韶山政治、经济、文化等知识的搜集准备； 7. 运用红色旅游景观的引导和讲解方法技巧，有效使用有声和无声语言，提供热情、流畅、正确的景区景点导游讲解服务； 8. 讲解接待中正确处理好导与游的关系，征询游客反馈意见，及时自我总结反思。 通用能力点：自主学习、沟通表达、搜集提炼、归纳整理、自我管理。
教学实施建议	
1. 教学组织方式建议 采用行动导向的教学方法，为确保教学安全，提高教学效果，建议采用分组教学的形式（3—4 人 / 组），以小组领学作为示范引领，以挑战工作任务为激励。在完成工作任务的过程中，教师必须加强示范与指导，注重学生职业素养和规范操作的培养。 本课程结合湖南省旅游资源特征及导游资格证考试面试题库中的 10 个旅游景点，按照不同类型的景区景点进行分工协作，针对不同类型游客团队完成个性化导游词撰写和景区讲解实践任务。 2. 教学组织方法建议 （1）教学中应以景区讲解服务操作流程为主线，将景区讲解理论与实际工作紧密结合。在课堂上多运用行动导向理念来激发学生学习兴趣，引导学生通过实践、思考、探索、交流获得知识，形成技能，发展思维，避免单纯的理论灌输。 （2）教学应遵循以实践操作为主、理论讲授为辅，理论知识为操作技能服务的原则，致力于学生岗位能力以及职业道德、职业习惯的培养。 （3）适当组织学生到景区景点实地考察，用课前任务引导和课后成果汇报的形式加深学生对景区讲解工作的认知。 （4）通过加强景区讲解服务的模拟训练、导游词撰写、景区讲解的练习，让学生掌握景区讲解服务的操作流程和常用景区安全事故处理的使用方法。 （5）要为学生开发丰富多彩的学习素材，充分利用录播室、智慧黑板、多媒体课件、网络、自媒体平台等各种现代化教学资源辅助教学活动。	

续表

（6）关注景区服务业发展动态，适当地引入新知识、新服务举措及企业文化等，作为教学内容的扩展和补充。 （7）要重视师生间的互动交流，适时安排与景区讲解服务相关的主题讨论，让学生树立良好的服务意识；培养学生礼貌的表达方式及服务用语，把握交谈主题、准确表达自身观点的能力。 3. 教学策略实施建议 （1）在模拟景区讲解服务环节，根据情境任务，培养学生查询、搜索、阅读相关资料的能力，安排学生以小组为单位合作实施，培养学生的团队合作意识，以及快速明确合作目标、准确顺利地按计划与他人合作完成任务的能力。 （2）教学过程中要注意激发学生的主观能动性和自主学习积极性，提倡以学生为主体，以教师为主导，引导学生明确学习目标并自行制定学习计划，分工合作实施设计工作任务，适时对学习效果进行反馈和评估。在导游词撰写、景区讲解等实践环节，教师要引导学生按照所学的技术要点和规范进行处理，要特别注意及时纠正学生不规范的动作和不良的行为习惯，培养学生服务意识、质量意识以及自我学习、自我提升的能力，为将来更好地适应职业岗位奠定基础。 （3）根据学校的校企合作实际条件，适时安排学生到景区进行岗位体验，实地了解景区讲解操作规范、工作要求及企业文化等，培养学生服从安排、吃苦耐劳、用心服务等职业素养。采取经典案例收集、成果汇报、分享的方式，对岗位体验经历进行总结反思，并对岗位工作遇到的问题提出合理化建议及创新性的改进意见。 4. 教学资源配备建议 （1）教学场地 景区讲解服务学习工作站须具备良好的安全、照明、通风、空间条件，可设置分组教学区、实践展示区、工具存放区，配备相应的多媒体教学设备、VR 全景实景虚拟展示平台及模拟讲解视频、易拉宝场景布置等。 （2）工具、材料、设备 工具：导游旗、导游旗杆、麦克风等。 材料：笔、本子、易拉宝展示材料。 设备：多功能智慧黑板、手机、电脑。 （3）教学资料 以学习工作页为主，配备教材、旅游接待计划表、客户评价表、《导游服务规范》、湖南省旅游局导游服务中心导游资格考试面试题库等教学资料。

续表

教学考核要求
采用过程性考核和终结性考核相结合的方式。 1. 过程性考核 每项参考性任务实施中，采用自我评价、小组互评和教师评价、企业导师评价相结合的方式进行考核，让学生学会自我评价，教师要善于观察学生的学习过程，参照学生的自我评价、小组评价进行总评并提出改进建议。为营造“比、赶、超”的学习氛围，课程采用积分管理制度，实时更新个人及小组的积分结果，激发学生认真对待课程学习，积分构成维度包括: （1）课堂考核：出勤、学习态度、课堂纪律、小组合作和展示等情况。 （2）作业考核：学习工作页的完成质量、课后作业练习等情况。 （3）阶段考核：期中实操测试、理论纸笔测试、期末实操测试。 2. 终结性考核 学生根据任务情境中的要求，独自分析接待团队的需求特征，自主在互联网平台搜集整理景区资料，撰写个性化导游词，并且自制与导游词相匹配的导游讲解视频，结合导游服务规范和景区讲解岗位要求进行景区讲解展示。 考核任务案例：毛泽东同志故居景点导游讲解服务 【情境描述】：红色旅游是重要的理想信念教育课堂，同时红色旅游寓教于游、寓教于乐，重参与，重体验，于自然山水间感受波澜壮阔的革命历程。红色景区讲解员应怎样开展旅游服务，使红色旅游既不失去红色教育底色，又体现旅游的休闲娱乐属性呢？红太阳旅行社将组织研学旅行团赴韶山毛泽东同志故居进行游览体验，感受韶山景区的独特之美。旅行社委派你担任本次研学旅行团的景区讲解，你该如何完成工作任务呢？ 【任务要求】：根据任务的情境描述，按照《导游服务规范》和景区讲解员岗位要求，在两周时间内完成如下任务： （1）根据任务情形，制定工作流程和计划，提炼出讲解和服务对象。 （2）分析研学旅行团的团队特点和讲解需求要点。 （3）利用互联网平台搜集景区资料，结合团队需求创作导游词。 （4）结合导游词内容，搜集资料制作配套的讲解视频，并进行讲解练习。 （5）在规定时间进行景区讲解服务展示，撰写本次工作总结。 【参考资料】：完成任务过程中，可以使用所有的常见教学资料，例如工作页、作业规范、职业技术标准和网络资源等。

（二）餐饮服务与管理课程标准

表 2.11 餐饮服务与管理课程标准

<table>
<tr><td>一体化课程名称</td><td>餐饮服务与管理</td><td>基准学时</td><td>108</td></tr>
<tr><td colspan="4">典型工作任务描述</td></tr>
<tr><td colspan="4">餐厅服务员给客人提供直接的服务，他们的行为举止直接关系到酒店的形象，也是顾客评价酒店的一个重要因素，其任务就是运用自己的综合能力千方百计地满足客人的饮食需求，为他们用餐提供各种方便，创造优雅的就餐环境提供热情周到的服务。此项工作完成的过程是：
餐厅服务员接到酒店餐饮部订餐服务任务及顾客用餐任务后，根据酒店工作规章制度及岗位职责完成“迎、带、拉、递、问、斟、介、接、上、勤、换、核、报、征、送”等工作任务。接到任务后，准时到岗，接收值班经理对当餐的工作安排及布置，做好提前摆台、清理地面卫生、检查台面等餐前准备工作；当迎宾员将顾客领到该区域中时，餐厅服务员应微笑点头问好，拉椅让座，根据顾客人数添减餐具，递上菜单，做好迎客工作；翻开菜单，请顾客阅览，同时介绍本店特色菜，特价菜，新推菜及酒水，在记录顾客所点菜品，酒水时，写清日期，桌号，点餐人数，服务员姓名，顾客点完菜完毕，重复点单，以确认顾客所点菜品，然后示意顾客稍后菜品上桌，离开前应提醒顾客注意随身携带的物品以免丢失，做好点单工作；下单核对单据与预算是否一致，如有问题迅速解决，做好下单工作；随后做好斟酒等餐中服务工作；顾客离开后做好收台等工作。</td></tr>
<tr><td colspan="4">工作内容分析</td></tr>
<tr><td>工作对象
1. 客人订餐，接待主动，态度热情，面带微笑，语言亲切，询问客人用餐时间，订餐内容、座位要求准确，复述客人姓名、厅房名称、用餐人数与时间。做好记录，提前安排好座位。电话订餐接听电话态度和蔼，语言、清晰。预订准确，安排适当，等候客人到来；
2. 客人来到餐厅，领位主动问好，微笑相迎，协助客人挂衣物，按顺序引导客人入座。客满时，请客人在门口稍候，安排好休息座位，告知客人大致等候时间；</td><td colspan="2">工具、材料、设备及资料：
工具：汤碗、烟缸、茶碟、茶杯、骨蝶、高脚杯、筷子、汤勺、开瓶器、笔、打火机、食品夹、托盘、衣套、台布、菜谱、筷套、抹布、垃圾袋、纸巾等。
设备：餐桌、餐椅等。
资料：任务单、公司规章制度、餐厅服务流程及要求等。
工作方法：
查阅资料的方法；
使用工具的方法；</td><td>工作要求：
1. 能在领班的带领下，按照餐厅服务操作规范和质量要求做好餐准备，餐间服务和餐后结束工作。
2. 能做到熟知本餐厅的经营方针，菜单所提供的菜肴饮料名称和价格，服务程序及各种食品的食用方法，制作工艺和营养品味。</td></tr>
</table>

续表

3. 客人来到餐桌，主动拉椅让座。客人坐下后，主动问好，双手递上菜单，询问客人用何茶水及上茶、斟茶服务规范，递送餐巾、香巾主动及时，服务周到； 4. 客人点菜时，态度热情，主动推销。服务员熟练掌握餐厅菜肴品种风味、价格。询问客人点菜品种，所需酒水饮料明确，开单点菜内容书写清楚，向客人复述一遍。对客人的问题有问必答。推销意识强烈，针对性强。点菜单一式四份，分送收款台、厨房、传菜间、留存一份； 5. 上菜服务，在餐桌按客人点菜顺序先后上菜。无先到后上、后到先上的现象发生。客人点菜后，征求客人意见，按顺序上菜，一般在 20 分钟将菜上齐，如遇加工时间长的菜肴，提前通知客人大致等候时间，上菜遵守操作程序，使用干净托盘，掌握上菜的节奏与时间，使用托盘走菜姿态要轻稳，无碰撞，打翻、溢出现象发生。菜品上桌摆放整齐，规范报出菜品的名称。铁板类食品上桌，示意客人用餐巾遮挡，菜肴饮料上桌上齐后，告知客人，祝客人用餐愉快； 6、菜品上桌，为客人斟满第一杯酒水。客人用餐过程中，观察客人需求，照顾好每一位台面的客人。上菜、撤盘遵守操作程序，需要客人用手食用的食品，同时上盛有茶水的洗手盅。为客人添斟酒水。根据客人进餐需要，撤换脏骨盘，整理台面。客人吸烟，打火及时，烟缸撤换及时，烟缸内烟头不超过 3 个，整，盯台服务做到台面照顾全面周到，上菜撤盘准确及时，待客服务周详细致；	提供优质服务的方法： 1. 步入餐厅，整理仪容仪表，提前了解客人情况； 2. 进入岗位，做好餐前准备工作； 3. 接受任务，加强厨房、收银处以及前台的联系，提供针对性值台服务； 4. 收集客人的反馈意见； 5. 建立良好的同事关系，不计较个人得失，互相帮助； 6. 积极参加培训，不断提高业务技能。 劳动组织方式： 1. 一般以个人形式提供对客服务； 2. 从餐厅主管处领取工作任务； 3. 与同事沟通，有效完成工作任务； 4. 按照规格标准，布置餐厅和餐桌，做好开餐前的准备工作； 5. 确保所用餐具、玻璃器皿等清洁、卫生、明亮、无缺口、桌布、餐巾干净、挺阔、无破损、无污迹； 6. 仪容整洁，不擅自离岗； 7. 了解结账方式，妥善保管好订单，以便复核； 8. 协助前台服务员做好餐前准备，餐后服务和餐后收尾工作； 9. 协助厨师长把好质量关如装盘造型，菜的冷热程度等。	3. 能做到服务快速，准确主动，为客人点菜开单时要态度诚恳，有问必答，主动推销。 4. 能够按服务程序迎接客人入座就席，协助客人点菜，向客人介绍特色或时令菜点。 5. 能做到仪容整洁，不擅自离岗。 6. 能做到勤巡台，按程序提供各种服务，及时收撤餐具，勤换烟盅。 7. 能做好餐后收尾工作。 8. 能按照公司管理规定节约使用各类耗材。

续表

7. 收款送客，客人用餐结束，账单呈送客人面前，账目清楚核对准确，客人付款当面点清。客人挂账，签字手续完善，并表示感谢，客人起立主动拉椅，征求意见，告别客人。		

代表性工作任务		
任务名称	任务描述	工作时间（小时）
中西餐服务	熟悉餐厅各部位状况及环境，引导客人就餐等服务，运用规范性服务用语接待客人，熟练引导客人及具有一定的应变能力，能熟悉各种菜肴的特点及价格，为客人推介菜肴及酒水，熟练地登记菜肴及运用无线点菜器，能熟悉各民族习惯和生活特点，能运用餐饮服务英语对客服务。 学生接受老师分配的任务后，分析任务书，根据餐饮服务内容和要求，确认服务标准与规格；做好摆台、地面卫生清洁、餐具等餐前准备工作。客人来到餐厅后，做好迎接问好、拉椅让座、传递菜单等迎接工作；向客人推荐菜肴、酒水等，做好点菜及沟通传达工作，应用正确的上菜礼仪做好上菜、斟酒、更换骨碟等席间服务工作；协助客户办理好结账工作；有礼貌地欢送客人离开，做好餐厅后续卫生整理工作。	48
宴会服务	根据宴会的规格完成餐台的台面设计，并进行合理的美化，对餐厅内外设备、设施及陈设与布局进行合理设计、调整，利用花草等植物对餐厅环境进行美化。根据不同类型宴会做好食品供应，餐、酒用具的配备，运用规范性服务用语为客人提供席间服务，做好宴会后的清理工作。 宴会服务员从宴会主管处领取工作任务，明确工作时间及要求，做好熟悉菜单、整理仪容仪表、上冷盘等餐前准备工作；客人进入餐厅，做好迎客入座、为客人铺餐巾、上菜服务、斟酒服务、分菜、席间服务及上水果等餐中服务，服务中注意按标准和要求提供高质量服务；客人用餐完毕后，虚心接受顾客意见，做好收台工作。	36

续表

酒水服务	能明确中国酒和外国酒的分类，向客人介绍主要的中国或外国酒水的特点，熟练掌握酒水推销技巧，为客人进行酒水服务，根据不同酒水的斟酒量为客人斟倒酒水，按照操作规范为客人进行斟酒服务，选择恰当的时机询问客人，并添加酒水。 餐饮服务员从主管处领取工作任务，明确工作时间及要求，积极主动为客人推荐酒水，填写好酒水订单，根据订单去吧台取酒水，向客人提供酒水开瓶服务，按照服务礼仪为客人斟酒。	24
课程目标		
学生学习完本课程后，应当： （1）能根据餐饮企业的规模设计餐饮企业的组织机构。 （2）能操作餐饮服务的各项操作技能：如托盘、餐巾折花、斟酒、摆台、上菜与分菜等服务操作技能。 （3）能按标准服务程序进行中餐服务。 （4）能按标准服务程序进行西餐服务。 （5）能综合运用菜单制作的规范和技巧，完成一份三星级以上酒店的固定菜单和一份1000元左右的宴会菜单的制作。 （6）能根据餐饮企业的具体情况制定相应的采购保管规章制度，能够实际完成一次餐饮原材料的采购和验收。 （7）能设计厨房室内环境并根据设计配备厨房设备，并能制定菜肴的标准食谱。 （8）能对新开餐厅进行合理选址及布局设计。 （9）能对下一级员工进行餐厅理论及技能培训指导。 （10）能熟练向客人推销餐饮产品。 （11）能完成一份主题餐饮营销策划活动方案的撰写。		
学习内容		
本课程的主要学习内容包括： 1. 餐饮基础理论 参观四星级酒店、上网查找中国与外国餐饮的发展情况等相关资料、分析针对餐饮服务的特点如何做好对客服务与管理。 2. 餐饮服务技能 托盘（轻托）操作练习、餐巾折花操作练习、中餐宴会摆台操作练习、斟酒操作练习、情景模拟练习、设计主题台型。 3. 餐饮服务方式 迎宾引位、拉椅让座练习，推荐酒水菜肴、示酒练习，服务情景模拟练习、预订练习。 4. 餐饮菜单设计 设计菜单、分析制定固定菜单时应考虑哪些因素。		

续表

5. 餐饮管理 分析管理餐饮采购与库存的方法，分析厨房的生产管理，分析餐饮销售管理，分析餐饮服务管理，调研餐饮服务与管理。 6. 职业素养 相关法律法规、时间管理、沟通能力、理解能力、执行力。
教学实施建议
1. 教学组织方式方法建议 采用行动导向的教学方法。为确保教学安全，提高教学效果，建议采用集中教学、分别辅导的形式，在完成工作任务的过程中，教师须加强示范与指导，注重学生职业素养和规范操作的培养。 （1）采用讲授法、多媒体辅助法、讨论法、自学指导法等课堂教学方法向学生传授餐饮服务与管理知识，同时采用案例教学方法，培养学生分析问题、解决问题的能力。 （2）采用示范、练习、指导、比赛、设计、见习、实习等实训教学方法提升学生的实际操作能力。 （3）采用任务驱动式教学，课前布置任务，由学习小组共同完成项目任务，培养学生自学能力及团队合作精神。 （4）聘请省内、外知名行业人士担任客座教授或兼职老师为学生授课，使学生了解最新的餐饮业信息。 2. 教学资源配备建议 （1）教学场地 学习工作站须具备良好的安全、照明和通风条件，可分为集中教学区、方案讨论区、成果展示区，并配置相应的文件服务器和多媒体教学系统等设备设施，面积以至少同时容纳 30 人开展教学活动为宜。 （2）工具、材料、设备 以个人为单位配备餐厅服务工作站，提供餐桌、餐椅、汤碗、烟缸、茶碟、茶杯、骨蝶、高脚杯、筷子、汤勺、开瓶器、笔、打火机、食品夹、托盘、衣套、台布、菜谱、筷套、抹布、垃圾袋、纸巾等必备工具、材料及设备。 （3）教学资料 以工作页为主，配备工作任务书、工作时间进度表、教材、参考书、优秀作品范例、素材网站范例等教学资料。
教学考核要求
采用过程性考核和终结性考核相结合的方式。 1. 过程性考核 采用自我评价和教师评价相结合的方式进行考察；让学生学会自我评价，教师要善于观察学生的学习过程，结合学生的自我评价进行总评并提出改进建议。

续表

（1）课堂考核 考核出勤、学习态度、课堂纪律、实践练习等情况。 （2）作业考核 考核工作页、课后练习等的完成情况。 （3）阶段考核 纸笔测试、实操测试。 2. 终结性考核 采用自我评价和教师评价相结合的方式进行考察；教师要善于观察学生的学习过程，结合行业评价标准及竞赛评价模式进行总评并提出修改建议。终结性考核成果要进行现场展示、多媒体展示，组织邀请相关专业教师对课程内容及完成情况作出综合评价并提出改进建议。 考核任务案例：高考升学宴服务 【情境描述】 在高考季，各大酒店纷纷推出了升学宴，并且生意非常火爆。李先生家儿子考取了一所985 重点大学，邀请亲朋好友一起来庆祝，在酒店预订了 3 桌高标准升学宴，需要为他们提供相应餐饮服务。 【任务要求】 1. 质量要求：要求提供优质的用餐服务。 2. 标准要求：要求按照酒店操作流程完成餐前准备、餐中服务、餐后工作处理等工作内容。 3. 熟练要求：要求在规定时间内完成工作任务操作。 【参考资料】 完成上述任务时，可以使用所有常见的教学资料，如专业教材、参考书、演示视频、优秀作品范例、竞赛视频等。

六、实施建议

本实施建议中提出的相应措施是结合湘潭技师学院的实际情况来制定的，依据湘潭技师学院旅游服务与管理专业人才培养目标以及实际的师资、实训条件的现状，提出确保旅游服务与管理专业人才培养质量的建议措施。

（一）师资

在师资结构方面，要组建一支与办学规模、培养层级和课程设置相适应的业务精湛、素质优良、专兼结合的教师队伍；中级技能阶段人才培养的师生比不低于 1 ： 20，具有企业实践经验的专兼职教师占专业教师总数的 60% 以上，专任教师队伍要考虑职称、年龄，形成合理的梯队结构。

目前，湘潭技师学院能够胜任专业教学的专任教师为 5 人，获得与本专业相关的技术职务或执业资格证书 70% 以上。专业专任教师中 4 人具备硕士研究生学历，取得与所任学科相关的专业技术职务或执业资格证书。学校教师与旅游服务企业具有丰富工作经验的技术人员共同组成教师团队，发挥学校教师专业教学能力和企业技术人员专业实践能力的各自优势，共同策划与组织技能人才培养与评价。专业教师通过和企业技术人员沟通交流、企业见习和实践，接受了企业文化辐射同时获得了工作实践经验。推进了企业文化与校园文化的融合，推动了培养学生与企业员工无缝对接。

在师资能力方面，要求旅游服务与管理专业教师能胜任技能人才培养要求中规定的职业典型工作任务，并将其转化成课程，组织教学和实施相应的考核评价，实现中级技能人才培养目标。培养中级技能人才的教师应具有导游带团、餐饮服务、前厅接待、客房服务的实践经验，具备本科以上学历，旅游服务相关职业高级工以上职业技能等级证书。湘潭技师学院专业教师均具有良好的师德修养、专业能力，能够开展理实一体化教学，具有信息化教学能力。专任专业教师普遍参加教研工作、教学改革课题研究、教学竞赛、技能竞赛等活动，平均每两年到企业实践均不少于 2 个月。

（二）场地设备

旅游服务与管理专业教学场地应满足培养要求中规定的职业典型工作任务实施的环境及设备、设施要求，同时应保证教学场地具备良好的安全、照明及通风条件。其中校内教学场地和设备、设施应能支持资料查询、教师授课、小组研讨、任务实施、成果展示等活动的开展；企业实训基地应具备工作任务实践与技术培训等功能。

1. 教室及校内实训要求

校内教学场地和设备、设施应按培养要求中规定的职业典型工作任务实施要求进行配置，根据本专业人才培养目标的要求及课程设置的需要，原则上按每班 50 名学生为基准，校内实训（实验）教学功能室配置如下表：

表 2.12　实训设施表

教学功能室	主要设备名称	数量（台 / 套）	工位数（人）	备注
网络教室	电脑	40	50	需配置： 1. 航空票务系统 2. 旅行社管理软件 3. 模拟讲解软件
	耳麦	40		
	投影	1—2 台		
	打印机	1 台		
形体训练室	音响	1 套	50	无
	镜子	1 面		
	把杆	2 把		
导游讲解模拟实训室	模型、展板、多媒体	自行安排	50	无
餐饮服务实训室	圆桌	4	50	无
	椅子	40		
	餐具	若干		
前厅客房实训室	床铺	4 套	50	无
	前厅	1 套		
	吧台	1 套		

注：教学功能室可以按照教学项目、设备、师资等，进行整合确定。

2. 校外实习实训基地要求

根据旅游服务与管理专业人才培养目标的要求及贯彻工学结合的办学宗旨，在长株潭及周边地区建立 3 家品牌旅行社及 2 家四星级以上酒店进行校企合作，确保一次性可接纳 50 名学生的跟岗实习和顶岗实习，为学生提供良好的校外实践条件。

（1）华银国际大酒店（五星级）

实训主题：前厅接待、客房服务和餐饮服务。

实训内容：通过岗位实训，掌握前厅接待标准及餐饮和客服服务流程及标准要求，实现零距离上岗。

技能要求：熟悉酒店服务流程及标准要求。

（2）湘潭百达丽国际酒店

实训主题：前厅接待、客房服务和餐饮服务。

实训内容：通过岗位实训，掌握前厅接待标准及餐饮和客服服务流程及标准要求，实现零距离上岗。

技能要求：熟悉酒店服务流程及标准要求。

（3）湘潭康辉旅行社

实训主题：旅行社产品销售服务、导游服务。

实训内容：通过岗位实训，掌握旅行社产品销售技巧及导游带团服务流程和标准，实现零距离上岗。

技能要求：熟悉旅行社产品特点及销售技巧，掌握导游带团服务技巧。

（4）湘潭海外旅行社

实训主题：旅行社产品销售服务、导游服务。

实训内容：通过岗位实训，掌握旅行社产品销售技巧及导游带团服务流程和标准，实现零距离上岗。

技能要求：熟悉旅行社产品特点及销售技巧，掌握导游带团服务技巧。

（5）湘潭中青旅旅行社

实训主题：旅行社产品销售服务、导游服务。

实训内容：通过岗位实训，掌握旅行社产品销售技巧及导游带团服务流程和标准，实现零距离上岗。

技能要求：熟悉旅行社产品特点及销售技巧，掌握导游带团服务技巧。

（三）教学资源

旅游服务与管理专业教学资源应按培养要求中规定的职业典型任务实施要求进行配置，教学资源包括：校企共同开发的工作页、教材和数字化资源，旅游行业相关行业服务规范及规则要求、工具书、工作规范、工作标准，企业提供的服务标准、典型案例、项目资料等。

表 2.13　教学资源表

序号	教学资源	实施任务
1	教材	按照人力资源和社会保障部门规定选用优质教材，禁止不合格的教材进入课堂。学校应建立专业教师、行业专家和教研人员参与的教材选用机构，完善教材选用制度，经过规范程序择优选用教材，鼓励教师开发活页式教材。
2	工作页	景区景点讲解实务工作页、餐饮服务工作页、前厅接待工作页、客房服务工作页等。
3	素材库	抖音等自媒体平台、百度景区资料库、景区景点及酒店等官方网店及公众号。图书文献配备能满足人才培养、专业建设、教科研等工作的需要，方便师生查询、借阅。专业类图书文献主要包括：有关导游服务、酒店服务的理论、技术、方法、思维以及实务操作类图书，服务类、心理学类、管理类文献等。
4	数字化资源	建设、配备与本专业有关的音视频素材、教学课件、数字化教学案例库、虚拟仿真软件、数字教材等专业教学资源库，应种类丰富、形式多样、使用便捷、动态更新，能满足教学要求。 例如：湖南省导游考试中心公众号、B 站学习资源视频、全国导游大赛讲解视频、餐饮及前厅与客房竞赛操作视频、全景客虚拟体验平台等。
5	技术规范	研学旅行服务规范、景区讲解员服务规范、导游服务规范、酒店服务赛项技术规范等。
6	技术标准	景区讲解员国家职业标准、餐厅服务员国家职业标准、客房服务员国家职业标准、导游员国家职业标准等。

（四）教学管理制度

本专业应设立科学合理的教学管理机构，制定完善的教学管理制度，建立有效的教学管理运行机制。对于日常教学管理，应建立有效支持工学结合课程教学组织实施的管理制度包括学籍管理、专业建设与课程开发、师资队伍管理、教学运行管理等方面的制度。对于校内实践教学管理，应建立校内学习工作站、大师工作室等管理制度，包括确立工作规范、教师职责、学生行为规范和工具、耗材、设备、设施等管理规定。对于校外实践教学管理，应建立经营性实训基地、企业学习性岗位等管理制度，包括确定经营性实习基地、学习性岗位的设置条件、校企双方各自的合作管理职责等。

1. 校内教学质量监控体系建设与实施

（1）校内教学质量监控制度建设

建立以提高教育质量为导向的管理制度和工作机制，把教育资源配置和学校工作重点集中到优化教学环节、提高教育质量上来。教师的教学方式应从偏重知识教育和应试 教学方式向注重学思结合、知行统一和启发式、参与式教学转变，合理控制教学难度，建立教学质量过程管理制度、中职学校学业水平考试和技能抽查制度，培养学生良好的自觉学习的习惯，促进学生专业能力和职业素养共同发展。

（2）教学督导制度

教学督导由学院教务处、系部教务及教研室督导三方面配合完成，确保教师的课堂教学质量和学生的学习质量。

（3）学生评教，教师评学

每学期由教务处牵头组织一次学生的学评教，教研室再开展一次学生的评价座谈会，实现定性和定量双重手段进行学生评教。教师则以课程为载体，将学生学习过程与学习成果进行学习效果评价，助推教学相长。

（4）日常教学检查与质量管理

学校调动各部门参与监督的积极性，建立健全教学质量监控体系，力争在招生、日常教学管理、考试、实训、就业等重点领域及关键环节取得实效，促进学生德智体美全面发展。对期中期末考试考核的内容和形式进行改革，改革传统的单一的卷面考核方式，形成符合职业能力培养要求的全面的专业考核体系和评价机制。

2. 校外实践教学质量保障体系建设与实施

校外实习要从形式和内容上纳入教学计划，强化顶岗实习的管理，提高顶岗实习的教育效果。

（1）系部应全面负责学生顶岗实习的组织、实施和管理工作。指导教师是学生顶岗实习的第一责任人，班主任应配合指导老师做好相关工作。 教务处总体协调学生顶岗实习工作，学生处负责指导并督促各系处理好顶岗实习期间学生的管理工作，处理好各种学生突发事件。

（2）指导教师会同行业指导教师根据学生的实习岗位对专业能力、专业素质等进行具体指导，下达实习任务书，指导学生填写实习日志和撰写实习报告，负责学生实习考核和评定实习成绩，负责收集与学生顶岗实习相关的各种材料。

（3）学生参加顶岗实习，原则上由学院集中组织，学生自主联系顶岗实习单位，须由本人提出书面申请，家长签字，并经过学院相关部门同意。学生参加顶岗实习由学院或学生个人与实习单位签订顶岗实习协议。

（4）学生在顶岗实习期间接受学院和实习单位的双重指导，院企双方要加强对学生实习的过程监控和考核，实行双方考核制度。

七、评价与考核

（一）综合职业能力评价

旅游服务与管理专业中级技能阶段应按照国家职业技能鉴定要求取得初级导游证职业资格证书、客房服务员职业资格证书（国家职业资格四级）、餐饮服务员职业资格证书（国家职业资格四级）、前厅服务员职业资格证书（国家职业资格四级）四个证书中任意一个职业资格证书，可采用过程化考核方式进行认证。

（二）职业技能等级评价

运用职业能力测评理论与技术，开发职业能力测评试题，测评中级技能层级技能人才的职业能力水平与职业认同感，从职业的角度来分析职业院校的人才培养效果与行业企业用人要求的符合度。

（三）就业质量分析

从毕业生就业率、专业对口就业率、稳定就业率、就业后的待遇水平以及用人单位满意度等方面来衡量各层级技能人才培养与就业质量。

其中，毕业生就业率主要包括毕业生在离校前已落实就业单位的比例（初次就业率），以及毕业生在毕业当年 12 月底前的就业比例；专业对口就业率指学生所学专业与实际就业所从事的职业及相关岗位群相对应的比例；稳定就业率指毕业生与企业签订一年及以上正式劳动合同所占的比例；就业后的待遇水平指毕业生与企业签订正式劳动合同后的实际收入水平；用人单位满意度指用人单位对毕业生在企业工作期间表现进行的综合性评价。

第三章 《景区讲解服务》工学一体化课程教学实践

第一节 《景区讲解服务》课程定位

一、课程实施依据

《景区讲解服务》课程以《旅游服务与管理专业人才培养方案（中级工）》为依据，人才培养的职业面向有旅行社导游、旅游景区讲解、旅游业相关岗位群等，人才培养目标是坚持立德树人，面向旅行社、旅游景区、主题酒店、展览场馆、文博院馆、旅游信息咨询中心等行业企业，具备较强的综合职业能力和发展基础，培养德智体美劳全面发展，能适应现代旅游业发展需要的高素质技能型专业人才。

二、课程定位分析

本课程是中级工旅游服务与管理专业的一门专业核心技能课，其前导课程有中国旅游地理、导游实务、旅游服务礼仪，后续课程有模拟导游等。结合湘潭技师学院该专业人才培养的职业面向和培养目标，景区讲解技能是旅行社、旅游景区等企业对人才需求的典型能力，也是检验湘潭技师学院旅游服务与管理专业人才培养质量的关键要素。为提高专业建设能力和人才培养质量，专业建设团队经研讨将本门课程确定为一体化课程实施范畴，并作为精品课程着力打造，如下图3.1所示。

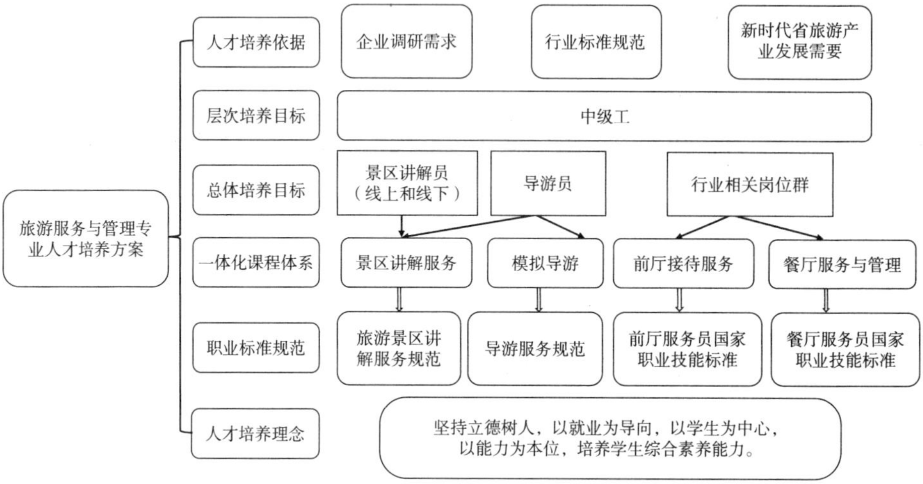

图 3.1　课程定位分析图

课程实施定位主要是为导游、景区讲解员培养景区景点讲解的相关技能，具体包括使学生掌握导游词撰写、不同类型景区的欣赏、引导和讲解技巧，具备团队需求分析、景区资料搜集、创作和讲解导游词等工作岗位核心能力。借助任务实施培养学生劳动、语言表达等通用能力素养，有效践行学生精益求精的工匠精神培养。借助任务实施载体培养学生树立爱国爱家、文化自信、生态环保、努力奋斗等道德品质。

第二节　《景区讲解服务》课程基础内容

一、旅游景区和景区讲解人员

（一）旅游景区定义及范围、评定

旅游景区或景区是以旅游及其相关活动为主要功能之一的（或其经营项目一部分的）空间或地域，即具有参观游览、休闲度假、游乐体验、康乐健身等功能，具备相应旅游服务设施并提供相应旅游服务的独立管理区。

旅游景区包括风景区、文博院馆、寺观庙堂、旅游度假区、自然保护区、主

题公园、森林公园、地质公园、游乐园、动物园、植物园，以及工业、农业、经贸、科教、军事、体育、文化艺术等以旅游为吸引内容的各类营业性和非营业性旅游活动区。

我国景区等级评定从1999年开始，2005年新增5A级旅游景区评定。A级旅游景区特别是4A级旅游景区和5A级旅游景区代表着获得国家认可的精品旅游风景区。在2015年以前，我国鲜有景区被摘牌。近年来，在文化和旅游部分别部署开展的文化和旅游市场整治行动、A级旅游景区整改提质行动中，将打破景区等级“终身制”、加强A级旅游景区动态管理作为重点工作。目前，全国已建成A级旅游景区1.57万家，其中5A级旅游景区339家。旅游景区类型从传统的自然山水、人文古迹，逐步拓展至乡村、冰雪、红色、主题公园等，产品体系更加完备，更好满足广大游客观光、休闲、度假，以及研学、教育等多层次立体化的需求。

（二）旅游景区类型

目前，我国旅游景区主要以自然类景区和人文类景区为主，传统观光型景区仍是旅游景区的主体。具体可分为四种类型：

第一类是自然类旅游景区，以名山、大川、名湖和海洋为代表，如九寨沟景区、黄果树瀑布景区等；

第二类是人文类旅游景区，以人类在长期的历史进程中留下的遗迹、遗址为代表，如北京故宫、西安秦始皇兵马俑、承德避暑山庄等；

第三类是主题公园类旅游景区，是人类现代科学技术和劳动的结晶，如上海迪士尼、西安大唐芙蓉园、横店影视城等；

第四类是社会类的旅游景区，它区别于传统的旅游景区的概念，但它是传统概念的发展和延伸，如工业旅游景区、观光农业旅游景区、科教旅游景区、军事旅游景区等。

（三）我国旅游景区未来发展

1. 旅游景区数量不断增多

党的十八大以来，党中央高度重视旅游工作，引领我国旅游业加速发展，取得历史性成就。从推进旅游为民，到实施旅游带动；从推动文旅融合，到促进交流互鉴，旅游正不断发挥为民、富民、利民、乐民的积极作用，日益成为具有显著特色的幸福产业。据国家统计局发布2023年国民经济和社会发展统计公报数据来看，2023年度国内出游48.9亿人次，比上年增长93.3%。其中，城镇居民国内出游37.6亿人次，增长94.9%；农村居民国内出游11.3亿人次，增长88.5%。国内游客出游总花费49133亿元，增长140.3%。其中，城镇居民出游花费41781亿元，增长147.5%；农村居民出游花费7353亿元，增长106.4%。入境游客8203万人次，其中外国人1378万人次，香港、澳门和台湾同胞6824万人次。入境游客总花费530亿美元。国内居民出境10096万人次，其中因私出境9684万人次，赴港澳台出境7704万人次。

顺应人民群众新期待，我国加大优质旅游产品供给力度，旅游景区数量不断增加，市场规模增长，成为旅游业发展的重要基础。2018年以来，中国A级旅游景区数量持续增长。截至2022年底，中国A级旅游景区数量达到14917个，较2021年底增加721个，增速为4.83%。到2023年，中国A级旅游景区达到1.57万家，旅游景区数量在不断递增。

2. 旅游景区质量持续提升

旅游景区质量的持续提升，首先体现在服务水平的不断优化。景区工作人员的服务态度更加热情周到，专业素养不断提高。比如，导游能够提供更丰富、准确且生动的讲解，让游客更好地了解景区的文化内涵和历史背景。

在设施设备方面，景区加大了投入和更新力度。道路更加平坦宽敞，标识系统更加清晰明确，公共卫生间更加干净整洁且设施齐全。一些景区还引入了智能化的服务设施，如智能导览系统、在线预订和支付系统等，为游客提供了更加便捷和高效的服务体验。

景区的环境质量也得到了显著改善。加强了对生态环境的保护和修复，绿化更加美观，空气质量更好，水体更加清澈。例如，一些自然景区通过科学的管理和保护措施，使生态系统更加稳定，生物多样性更加丰富。

在旅游产品的创新方面，景区不断推陈出新。除了传统的观光游览，还增加了丰富多样的体验项目，如亲子互动活动、文化体验课程、户外运动项目等，满足了不同游客群体的需求。

此外，景区的安全管理水平也日益提高。建立了完善的安全预警机制和应急救援体系，加强了对游客的安全教育和引导，确保游客的人身和财产安全。

旅游景区质量的持续提升，不仅能够提高游客的满意度和忠诚度，还能够增强景区的市场竞争力，促进旅游业的可持续发展。

3. 旅游景区类型不断丰富

旅游景区类型的丰富性首先体现在文化主题景区的多样化。例如，以传统文化为主题的景区，如古村落、历史文化街区，让游客深入感受古老的建筑风格和传统生活方式；以特定文化元素为核心的景区，如茶文化园、陶瓷小镇，游客可以参与制作过程，亲身体验文化的魅力。

生态旅游景区也日益增多。像是湿地公园、森林公园、地质公园等，为游客提供了亲近自然、观察野生动植物、了解地质奇观的机会。比如一些湿地公园，不仅有优美的自然风光，还设置了观鸟台和生态科普馆。

休闲度假型景区的发展也颇为迅速。温泉度假村、海滨度假区、山地度假区等，满足了人们放松身心、享受悠闲时光的需求。例如，某些温泉度假村提供了多种特色温泉泡池和完善的配套服务。

此外，还有一些新兴的景区类型崭露头角。如以影视拍摄地为基础打造的影视主题景区，游客可以参观影视拍摄场景，甚至有机会参与互动表演；以农业观光和农事体验为主的乡村旅游景区，游客能够参与农耕活动、品尝农家美食。

旅游景区类型的不断丰富，为游客提供了更多元的选择，适应了不同人群的兴趣和需求，也进一步推动了旅游业的繁荣发展。

4. 旅游景区经营不断创新

旅游市场愈发庞大，内在的竞争就更大，激发旅游景区需不断更新经营理念，创新发展，适应日新月异的市场需求。随着数字经济的发展，在营销手段上，旅游景区积极拥抱互联网和新媒体。通过短视频平台、直播等方式进行推广，吸引了大量潜在游客。例如，一些景区邀请网红进行实地体验并分享，瞬间提升了景区的知名度。

随着人们生活水平和文化素养的不断提升，对特色化景区体验需求越来越明显，因此，旅游景区的服务模式方面也有诸多创新。推出个性化定制服务，根据游客的需求和偏好量身打造旅游线路和活动安排。比如为亲子游客提供专属的亲子活动套餐，为老年游客提供更贴心的照顾服务。

人工智能时代的到来激发景区融入新的科技元素，来增强人们的体验感。在景区体验上，融入科技元素成为创新的亮点。利用虚拟现实（VR）、增强现实（AR）技术，为游客带来沉浸式的游览体验。像某些历史文化景区，通过 VR 技术让游客“穿越”回古代，身临其境地感受当时的场景。

文化和旅游部门深度融合发展是各地旅游发展的主要趋势。当前，众多旅游景区与周边产业深度融合，形成“旅游 +”的经营模式。“旅游 + 农业”，游客可以参与农事活动、采摘新鲜果蔬；“旅游 + 体育”，举办马拉松、山地自行车等赛事，吸引运动爱好者。

同时，旅游景区为了探索高质量发展的模式，在盈利模式上，不再仅仅依赖门票收入。开发丰富的旅游纪念品、特色美食，举办各类文化活动、节庆活动并收取门票或参与费用。比如一些景区打造的特色文化节，吸引了大量游客，同时带动了周边住宿、餐饮等消费。

另外，智慧景区建设不断推进。实现智能导览、在线预订、电子票务、智能停车等功能，提升了景区的运营效率和游客的满意度。

总之，旅游景区经营的不断创新，为游客带来了更优质、更独特的旅游体验，也为景区的可持续发展注入了强大动力。

（四）旅游景区讲解员工作职责

旅游景区讲解员是旅游景区中起到重要传播角色的人员，是旅游景区与游客之间的桥梁。他们负责向游客传达景区的背景、历史、文化、风景等相关知识，并提供专业的解答与指导。他们的目标是为游客提供良好的导览服务，帮助他们更好地了解景区的独特之处，提升游客的旅游体验。依据 BOSS 直聘等招聘网站中对旅游景区讲解员的用人需求来看，其工作职责主要包括准备工作、景区接待服务、景区讲解、安全维护、游客沟通等方面。

1. 准备工作

旅游景区讲解员在每天开始工作之前需要做一些准备工作。首先，他们需要了解当天的游客数量和行程安排，以便安排合理的导览计划。其次，他们需要收集和整理与景区相关的资料和知识，以便能够回答游客的问题。深入了解旅游景区的历史、文化、自然景观等方面的知识，包括但不限于旅游景点的背景、特色、相关故事和传说。例如，对于历史遗迹类景区，要熟知其建造年代、历史变迁以及所涉及的重要人物和事件。收集和整理最新的研究成果和相关资料，不断更新和丰富讲解内容，以确保讲解的准确性和时效性。比如某自然保护区有了新的物种发现，景区讲解员需要及时了解并将其融入讲解中。最后，他们还需要检查和准备导览设备，确保设备正常运作。

2. 景区接待服务

景区讲解员的第一个工作就是迎接和接待游客。他们需要友好地向游客介绍自己，并向他们提供相关的导览信息和地图。根据游客的特点和需求，合理安排讲解路线和时间，确保游客能够充分欣赏景区的精华部分。他们还应该主动解答游客的问题，帮助他们更好地了解景区。以热情、友好的态度迎接游客，提供专业的咨询服务，解答游客的疑问。如游客询问景区内的最佳游览路线、餐饮设施位置等。在接待游客时，讲解员需要展现良好的沟通和人际交往能力，以营造愉快的游览氛围。

3. 景区讲解

景区讲解服务是旅游景区讲解员的核心工作。一是要运用生动、准确、富有感染力的语言，为游客进行讲解，使游客能够深入了解景区的内涵和价值，避免用晦涩难懂的专业词汇。像在介绍古建筑时，生动描绘其建筑风格和工艺之美。讲解过程中要注意好语速和语调，确保游客游览过程中能听懂，且听起来比较舒适，用富有张力的语言和有吸引力的内容来激发游客的游兴。二是要注重与游客的互动交流，鼓励游客提问和参与讨论，及时回答游客提出的问题，增强游客的体验感。

4. 安全维护

作为旅游景区讲解员，保证游客的安全是非常重要的。他们需要向游客提供安全指引，如观赏特定景点时需要注意的事项、禁止触碰的区域、道路状况、陡峭台阶等，特别是在山区或水域景区，要着重强调相关安全风险。在突发事件发生时，讲解员需要根据景区的应急预案，迅速组织游客并引导他们到达安全区域。景区讲解员还要负责维护景区的秩序。他们需要确保游客遵守景区的规定和规则，不做危险行为或扰乱其他游客的事情。在需要时，讲解员应该友好地提醒游客注意秩序，避免游客出现拥挤、插队等不文明行为，及时制止不适当的行为。

5. 游客沟通

收集游客的意见和建议，及时反馈给旅游景区管理部门，为景区的改进和提升提供参考。例如游客提出讲解速度过快或内容不够深入等问题，不断总结自身工作经验，提高景区讲解水平和服务质量。

（五）旅游景区讲解员的基本素质

依据文化和旅游部颁布的《旅游景区讲解服务规范》（LB/T 014-2011）中对旅游景区讲解员的基本素质要求，为保证旅游服务质量，旅游景区讲解员应具备以下基本素质。

1. 思想品德

思想品德应符合：时时注意维护国家和民族尊严；努力学习掌握并模范遵守国家和地方的有关法律和法规；遵守社会公德，爱护公共财物；尊重民族传统，尊重游客的风俗习惯和宗教信仰；对待游客谦虚有礼、朴实大方、热情友好，尤其注意对老幼病残孕等弱势群体的关照，并且努力维护旅游者的合法权益；热爱本职工作，忠于职守；增强服务意识，不断提高自己的业务能力；不得以暗示或其他方式引导游客为讲解员本人或相关群体非法谋取荣誉或物质利益。

2. 体质与基本从业能力

体质与基本从业能力应符合：身体健康，无传染性疾病；能够使用普通话（或民族语言，或外语）进行景区内容的讲解，有较强的语言表达能力（做到口齿清楚，发音准确，表达逻辑清楚，用语礼貌自然），并努力实现语言的适度生动；具有相应的文化素养和较为广博的知识，并努力学习和把握与讲解内容有关的政治、经济、历史、地理、法律法规、政策，熟悉相关的自然和人文知识及风土习俗，从而将其运用于讲解工作；具有相应的应变能力和组织协调能力。

（六）旅游景区讲解员服务的内容及基本要求

依据文化和旅游部颁布的《旅游景区讲解服务规范》（LB/T 014-2011）中对旅游景区讲解员服务内容的规定，其服务的内容及基本要求如下：

1. 旅游景区讲解员的服务准备

（1）准备工作要求

景区讲解员知识准备应符合：熟悉并掌握本景区讲解内容所需的情况和知识（基于景区的差异，可分别包括自然科学知识，历史和文化遗产知识，建筑与园林艺术知识，宗教知识，文学、美术、音乐、戏曲、舞蹈知识等；以及必要时与国内外同类景区内容对比的文化知识）；基于游客对讲解的时间长度、认知深度的不同要求，讲解员应对讲解内容做好两种或两种以上讲解方案的准备，以适应旅游团队或个体的不同需要；预先了解游客所在地区或国家的宗教信仰、风俗习惯，了解客人的禁忌，以便能够实现礼貌待客。

（2）接待前的准备

接待前的准备包括：接待游客前，讲解员要认真查阅核实所接待团队或贵宾的接待计划及相关资料，熟悉该群体或个体的总体情况，如停留时间、游程安排、有无特殊要求等诸多细节，以使自己的讲解更有针对性；对于临时接待的团队或散客，讲解员同样也应注意了解客人的有关情况，一般应包括客人主体的来源、职业、文化程度以及其停留时间、游程安排、有无特殊要求等，以便使自己的讲解更能符合游客的需要。

（3）上岗时的准备

上岗时应准备：佩戴好本景区讲解员的上岗标志；如有需要，准备好无线传输讲解用品；需要发放的相关资料；接待团队时所需的票证；对特殊需要的讲解内容或第一次讲解线路，事先踩点和准备。

（4）仪容仪表

仪容仪表应符合：着装整洁、得体；有着装要求的景区，也可以根据景区的要求穿着工作服或指定服装；饰物佩戴及发型，以景区的原则要求为准；女讲解员一般以淡妆为宜；言谈举止应文明稳重，自然而不做作；讲解活动中可适度使用肢体语言，且力避无关的小动作；接待游客热情诚恳，并符合礼仪规范；工作过程中始终做到情绪饱满，不抽烟或进食；注意个人卫生。

（5）讲解语种

讲解语种包括：景区讲解，应以普通话为普遍使用的语言；位于民族地区的景区，宜根据客源情况提供民族语言和普通话的双语讲解服务，有条件的景区，宜根据客源情况提供多语种的讲解服务。

2. 旅游景区讲解活动要求

（1）接待开始时的服务要求

接待开始时的服务要求应符合：代表本景区对游客表示欢迎；介绍本人姓名及所属单位；表达景区对提供服务的诚挚意愿；了解游客的旅游需求；表达希望游客对讲解工作给予支持配合的意愿；预祝游客旅游愉快。

（2）游览前的讲解服务要求

游览前的讲解服务要求包括：应向游客介绍本景区的简要情况，尤其是景点的背景、价值和特色；应向游客适度介绍本景区的所在旅游地的自然、人文景观和风土人情等相关内容；应提醒团队游客注意自己团队原定的游览计划安排，包括在景区停留的时间，主要游览路线以及参观游览结束后集合的时间和地点；应向旅游者说明游览过程中的注意事项，并提醒游客保管好自己的贵重物品；游程中如需讲解人员陪同游客乘车或乘船游览，讲解人员宜协助游客联系有关车辆或船只。

（3）游览中的讲解服务要求

讲解内容的选取原则如下：有关景区内容的讲解，应有景区一致的总体要求。

内容的取舍应以科学性和真实性为原则；民间传说应有故事来源的历史传承，任何景区和个人均不得为了景区经营而随意编造；有关景区内容的讲解应力避同音异义词语造成的歧义；使用文言文时需注意游客对象；需要使用时，宜以大众化语言给以补充解释；对历史人物或事件，应充分尊重历史的原貌；如遇尚存争议的科学原理或人物、事件，则宜选用中性词语给以表达；讲解内容如系引据他人此前研究成果，应在解说中给以适度的说明，以利于游客今后的使用和知识产权的保护；景区管理部门应积极创造条件，邀请有关专家实现对讲解词框架和主体内容的科学审定。

（4）讲解导游的方法与技巧

讲解导游的方法与技巧如下：对景区的讲解要繁简适度；讲解语言应准确易懂；吐字应清晰，并富有感染力；要努力做到讲解安排的活跃生动，做好讲解与引导游览的有机结合；要针对不同游客的需要，因人施讲，并对游客中的老幼病孕和其他弱势群体给予合理关照；在讲解过程中，应自始至终与游客在一起活动；注意随时清点人数，以防游客走失；注意游客的安全，随时做好安全提示，以防意外事故发生；要安排并控制好讲解时间，以免影响游客的原有行程；讲解活动要自始至终使用文明语言；回答问题要耐心、和气、诚恳；不冷落、顶撞或轰赶游客；不与游客发生争执或矛盾；如在讲解进程中发生意外情况，则应及时联络景区有关部门，以期尽快得到妥善处理或解决。

（5）与游客的沟通

与游客的沟通包括：旅游讲解也是沟通，讲解员在讲解中应注意平等沟通的原则，注意客人与自己在对事物认知上的平等地位；在时间允许和个人能力所及的情况下，宜与游客有适度的问答互动；要意识到自己知识的盲点，虚心听取游客的不同意见和表达；对游客的批评和建议，应该礼貌地感谢，并视其必要性及时或在事后如实向景区有关部门反映。

（6）讲解活动结束时的服务要求

在讲解活动结束活动时，讲解员应做到：诚恳征求游客对本次讲解工作的意见和建议；热情地向游客道别；一般情况下，在游客离开之后方可离开。

在游客离开景区后，或当天工作结束前，讲解员应做到：按照景区的规定，及时认真地填写《工作日志》或本单位规定的有关工作记录；如有特殊情况，及时向景区有关方面如实反映。

3. 乘车（乘船）游览的讲解服务要求

景区讲解如果是在乘车（乘船）游览时进行，讲解员应做到：协助司机（或船员）安排游客入座；在上车（船）、乘车（船）、下车（船）时提醒游客有关安全事项，提醒游客清点自己的行李物品；并对老幼病孕和其他弱势群体给予特别关照；注意保持讲解内容与行车（行船）节奏的一致，讲解声音应设法让更多的游客都能听见；努力做好与行车安全（或行船安全）的配合。

4. 游客购物时的服务要求

游客如需购物时，讲解员应做到：如实向游客介绍本地区、本景区的商品内容与特色；如实向游客介绍本景区合法经营的购物场所；不得强迫或变相强迫游客购物。

5. 游客观看景区演出时的服务要求

如游客游程中原已包含有在景区内观看节目演出，则讲解员的服务应包括：

如实向游客介绍本景区演出的节目内容与特色；按时组织旅游者入场，倡导游客文明观看节目；在游客观看节目过程中，讲解员应自始至终坚守岗位；如个别客人因特殊原因需要中途退场，讲解员应设法给以妥善安排；不得强迫或变相强迫游客增加需要另行付费的演出项目。

6. 讲解活动中的安全要求

在景区的讲解活动中，应充分注意安全：提前了解讲解当天的天气和景区道路情况，以期防患于未然；讲解活动应避开景区中存在安全隐患的地区；讲解中随时提醒游客注意安全（尤其是在游客有可能发生失足、碰头等的地带）；发生安全事故时冷静妥善对待，在积极帮助其他游人疏散的同时，并及时通知景区有关部门前来救助。

二、景区景点导游词撰写

景区景点导游词最重要的一点，就是要惜时如金，立竿见影：其一，要做到开门见山，直奔主题；其二，要点面结合，重点突出；其三，对重点阐释部分，既要言之有物、言之有效，又要言之有据、言之有理。其四，题材的选择越具体越好。准确地说，创作一篇好的导游词至少必须做到：选点有厚度、立意有深度。

选点有厚度：第一，讲解空间范围在可视之内；第二，讲解内容可以深入挖掘（或层层递进），这实际上是指选点要选文化底蕴深厚的点。

立意有深度：立意就是要提炼主题，就是要对搜集的素材进行去伪存真、去粗取精、由表及里的梳理与提炼，然后确定一个主题。

（一）导游词结构框架

谋篇布局是指景区景点导游词写作的构思阶段。就是围绕主题，对梳理加工过的材料，按一定的逻辑顺序，进行排列与组合，然后用恰当的语言表现出来。谋篇布局从大的结构框架来看，主要由开头、正文、结尾三大部分构成。

1. 凤头：“起”要美丽

一个好的开头要做到亲切、热情、新颖。开头的方式很多，主要有介绍式开头、故事式开头、朗诵式开头、猜谜式开头和投其所好式开头等。

介绍式开头：这是一种常用的开头方式，特点是较为全面地介绍各方面情况，使游客尽快知晓。

故事式开头：故事能吸引人们的注意力，能激发人的情感，能使人在潜移默化中受到启发与激励，可增加游兴和艺术感染力。

朗诵式开头：此方式开头，句子要精美，朗诵时要有感情，时间不宜太长，结束后马上进入自我介绍。

猜谜式开头：用此法开头，要注意时机，要紧扣景点，不要太难。

投其所好式开头：如接到一些专业旅游团队，可以针对他们的职业与爱好进行褒奖式开头。

2. 猪肚：“中”要浩荡

导游词正文部分的写作要根据景观内容和具体情景而定，形式多种多样，没有固定的模式。但在结构安排上还有规律可循的，不外乎时间、空间和逻辑三种结构顺序。

（1）时间顺序：第一种是景观形成的历程，第二种是以事件发生的过程为序。

（2）空间顺序：以空间为位移或转换的顺序来安排导游词结构是最符合导游带团实际的。

（3）逻辑顺序：就是按照人们共同的思维规律安排段落结构或语句顺序。

3. 豹尾："结"要响亮

（1）诚恳谦虚式结尾。

（2）祝愿式结尾。

结尾之法很多，如用名人名言、幽默诙谐的语言等，切莫敷衍了事。

（二）旅游景区导游词创作技巧

创作技巧表现在以下四个方面：

1. 全面了解景区概况

自然景观导游词主要包括总体概说（含欢迎词）和分说两部分，最后再加上结束语。总说部分是对自然景观作总体介绍、主要告知游客要游览的自然景观的概况、内容及价值；分说部分是按旅游线路先后顺序，对景点的风光特色进行具体描述。

2. 创作过程中突出景观的风光特色

主要突出自然风光的天赋性、差异性、地域性、科学性、综合性等特征，用自然科学知识说明其成因，掌握观景角度，突出其自然特征、美学特征。

3. 创作中融入与景观有关的文学知识

主要描述该景点的著名山水诗、词、文、赋，增添景点的文学情趣，山水人文相融合，会使导游词增色不少。

4. 语言组织营造意境

自然景观创作语言要简洁明快，多用颜色词夸张饰美，多用比喻句进行联想映衬（但要避免用长句），多用口语词、指引词引导游客欣赏。

（三）景区景点导游词现场感的营造

景区导游讲解语言的一个非常突出的特点，是它具有极强的现场感。这一特点是依靠一系列表达方式来实现的，主要是表达时要具有鲜明现场感的词语、具有鲜明现场感的导引语，或是面对面设问等。

1. 具有鲜明现场感的词语

具有鲜明现场感的词语，主要是指导游讲解中的现场时间名词、时间副词以及指示代词等等。时间名词主要有“现在”“今天”“刚才”“此时此刻”等，时间副词主要有“刚”“刚刚”“正在”“立刻”“马上”“将要”等。指示代词主要是指近指代词，如“这”“这里”“此”“此处”“这会儿”“这么”“这样”“这么样”等。

2. 具有鲜明现场感的导引语

具有鲜明现场感的导引语，主要是指对游客的引导或提示游客的一些用语。例如，“请大家往上看”“请大家顺着我手指的方向看”“现在大家看到的是……”“现在我们所处的位置是……”“我们面前的……”“映入我们眼帘的就是我们神驰已久的……”等。此外，还有引导游客参与的引导语。如，“请大家试着……”“现在大家猜一猜……”“哪位朋友愿意（做）……”等。

3. 面对面设问

现场的面对面设问，包括根据游客思路引发的设问和直接提问游客的设问。主要表达方式是“来到（讲到）这里，大家可能会问……”“……大家一定会产生这样的疑问……”“刚才有位朋友问……”“这位朋友问……”等。

三、旅游景区讲解方法

（一）概述法

概述法是导游或景区讲解员就旅游城市或景区的地理、历史、社会、经济等情况向游客进行概括性的介绍，使其对即将参观游览的城市或景区有一个大致的了解和轮廓性认识的一种讲解方法。这种方法多用于导游接到旅游团后坐车驶往下榻饭店的首次沿途导游中，也适用于游览较大的景点之前，在入口处示意图前进行的讲解。

例如，在进入张家界游览之前，导游或景区讲解员可用这样的概述法进行描述：“游客朋友们，我们现在身处神奇的张家界。张家界是中国第一个国家森林公园，这里奇峰异石，峡谷深壑，飞泉流瀑，仿佛是一个大自然的杰作。张家界的石英砂岩峰林地貌举世罕见，三千多座石峰拔地而起，有的高耸入云，有的小巧玲珑。在这片神奇的土地上，您将感受到大自然的鬼斧神工和无穷魅力。”

概述法的使用，用精炼的语言传递核心信息，避免冗长和复杂的表述，能涵盖景点的重要方面，如历史、地理、文化、特色等，激发游客的好奇心和进一步探索的欲望。

（二）分段讲解法

分段讲解法是导游或景区讲解员对那些规模较大、内容较丰富的景点，将其分为前后衔接的若干部分来逐段进行讲解的讲解方法。这种方法多用于参观游览规模庞大的景区景点时采用，一般是在游览行进中使用。

例如，在讲解苏州园林的时候，可以分成四段来进行讲解。

第一段：介绍苏州园林的总体特点，如小巧玲珑、移步换景等。比如：“亲爱的游客们，欢迎来到美丽的苏州园林。苏州园林以其独特的艺术风格闻名于世，它追求自然与人工的完美结合，布局精巧，让人仿佛置身于画中。”

第二段：讲解园林中的建筑元素，如亭台楼阁、轩榭廊舫。例如：“大家看这边的亭子，造型别致，它不仅是供人休息的地方，也是园林中的一处美景。再看那座楼阁，飞檐翘角，充满了古典韵味。”

第三段：描述园林中的山水景观，如假山、池塘、溪流。比如：“这处假山是园林中的点睛之笔，它模仿了自然山川的形态，错落有致。而池塘中的水清澈见底，与周围的植物相互映衬，美不胜收。”

第四段：讲述园林所蕴含的文化内涵，如诗词、书法、绘画等。例如：“苏州园林中常常能看到诗词题刻，这些文字不仅增添了文化氛围，也表达了园主人的情感和志趣。”

分段讲解法的使用，可以将复杂的景点或行程划分为不同的段落，使游客能够更有条理地接收信息。每个段落都有明确的主题和重点，便于游客理解和记忆。通过不断切换讲解的主题和内容，避免游客产生疲劳和厌烦，始终保持他们的注意力和兴趣。

（三）突出重点法

突出重点法是在导游或景区讲解员在讲解中不面面俱到，而是突出某一方面的讲解方法，其核心在于通过精心挑选和突出展示最具代表性、最独特、最能吸引游客兴趣或最具价值的内容，让游客在有限的时间内获得最精华的信息和体验。这种方法多在讲解某个具体景区景点时使用。

1. 突出景点的独特之处

游客来到目的地旅游，要参观游览的景点很多，其中不乏一些与国内其他地方类似的景点。导游在讲解时必须讲清这些景点的特征及与众不同之处，尤其在同一次旅游活动中参观多处类似景观时，更要突出介绍其特征。

2. 突出具有代表性的景观

游览规模大的景点，导游必须事先确定好重点景观。这些景观既要有自己的特征，又能概括全貌，实地参观游览时，导游应主要向游客讲解这些具有代表性的景观。

3. 突出游客感兴趣的内容

游客的兴趣爱好各不相同，但从事同一职业的人、文化层次相同的人往往有共同的爱好。导游在研究旅游团的资料时要注意游客的职业和文化层次，以便在游览时重点讲解旅游团内大多数成员感兴趣的内容。

4. 突出“……之最”

面对某一景点，导游可根据实际情况，介绍这是世界或中国最大（最长、最古老、最高，甚至可以说是最小）的……因为这也是在介绍景点的特征，颇能引起游客的兴致。

例如，在带领游客参观故宫时，重点讲解太和殿，强调它是故宫中规模最大、等级最高的建筑，是明清皇帝举行重大典礼的场所，描述其宏伟的建筑规模、精美的装饰和所承载的历史意义。譬如：“各位游客，现在我们面前的就是故宫的核心建筑——太和殿。这座宫殿建在三层汉白玉石基之上，面阔十一间，进深五间，建筑面积达 2377 平方米，是整个故宫中最为宏伟壮观的建筑。殿内的金龙宝座、蟠龙金柱以及天花板上的精美藻井，无不彰显着皇家的威严和奢华。明清两朝的皇帝就在这里举行登基、大婚、册封等重大典礼，它见证了无数的历史时刻。”

突出重点法的使用，能根据游客的兴趣、需求和旅游行程的特点，确定重点讲解内容，针对性强；能突出景点与众不同、独一无二的特色，强调独特；能选取能够触动游客情感、引起共鸣的重点元素进行讲解，引发共鸣。

（四）问答法

问答法是指在导游或景区讲解员讲解时，向游客提问题或启发他们提问题的讲解方法，是一种通过提问和回答来与游客互动，增强讲解效果和游客参与度的方法。问答法具有自问自答法、我问客答法、客问我答法、客问客答法四种方法，这种方法多在为游客讲解某个具体景区景点、沿途风光导游等过程中使用。

1. 自问自答法

导游或景区讲解员自己提出问题，并做适当停顿，让游客猜想，但并不期待他们回答，只是为了吸引他们的注意力，促使他们思考，激起兴趣，然后做简洁明了的回答或生动形象的介绍，还可以借题发挥，给游客留下深刻的印象。比如在介绍当地的特色美食时："为什么我们这里的这道美食如此受欢迎呢？那是因为它选用了当地特有的新鲜食材，再加上独特的烹饪手法，使得味道十分鲜美独特。"总之，自问自答法能够增加讲解的趣味性和吸引力，使游客更好地理解和记住相关的知识和信息。

2. 我问客答法

导游或景区讲解员通过向游客提问，邀请游客回答来增加互动和参与度的一种讲解方式。导游或景区讲解员要善于提问，所提问题要问得恰当，估计游客不会一无所知，也要估计到会有不同答案。例如，导游或景区讲解员在介绍一个民俗村时，可以这样提问："大家知道这个民俗村里，村民们最擅长制作的手工艺品是什么吗？"然后邀请游客回答，无论游客回答正确与否，导游或景区讲解员都可以进行进一步的讲解和补充。通过这种我问客答的方式，能够激发游客的思考和兴趣，让游客积极投入到讲解过程中，不再只是被动地倾听。通过游客的回答，导游或景区讲解员能更好地把握游客的兴趣点和关注点，了解游客兴趣。互动交流可以使整个讲解过程更加轻松愉快，增强旅游体验，使他们更加深入地了解和感受旅游景点的魅力。

3. 客问我答法

导游或景区讲解员要善于调动游客的积极性和他们的想象思维，欢迎他们提问题，一种以游客提问为主导，导游或景区讲解员进行回答和解释的讲解方法。

例如，在游览一个自然保护区时，游客也许会好奇："这里的珍稀动物为什么数量这么稀少？"导游或景区讲解员可以从动物的生存环境、人类活动的影响等方面进行解答。通过这种客问我答的方式，能够针对游客各自不同的关注点和疑惑进行解答，满足游客的个性化需求。及时、准确地回答游客的问题，有助于建立游客对导游的信任，提高游客的满意度。

4. 客问客答法

导游或景区讲解员对游客提出的问题并不直截了当地回答，而是有意识地请其他游客来回答问题，亦称"借花献佛法"。例如，在参观一个民俗村时，一位游客提问："这里的传统服饰在不同节日有什么特别的讲究？"另一位有相关了解的游客可能会回答："据我所知，在某些重要节日，服饰的颜色和图案会有特定的象征意义。"然后导游或景区讲解员再进行补充和总结。通过这种客问客答的方式，不仅能让游客在交流中获得更丰富的体验，还能增加旅游过程中的趣味性和社交性。

（五）虚实结合法

虚实结合法是指在导游讲解中将典故、传说与景物介绍有机结合，即编织故事情节的讲解方法。所谓"实"是指景观的实体、实物、史实、艺术价值等。"虚"则指与景观有关的民间传说、神话故事、趣闻逸事等。例如：提起阿诗玛，人们就不由自主地想起云南石林风景名胜区内那块高约 20 米，仿佛头戴彩帽、身背篓筐的美丽少女的岩石，同时又会想起阿诗玛的动人故事：相传在很久很久以前，阿著底山上的撒尼人格路日明家有两兄妹，哥哥叫阿黑，妹妹就是聪明、勤劳又美丽的阿诗玛。一天，大财主热布巴拉见阿诗玛长得漂亮，顿生歹念，想娶回家。

在实地导游讲解中，导游一定要注意不能"为了讲故事而讲故事"，任何"虚"的内容都必须落实到"实"处。虚实结合法的使用，通过虚构的元素，使讲解更加生动有趣，吸引游客的注意力。让游客在了解真实历史和现状的同时，感受到景点所蕴含的浪漫与神秘，从而留下深刻而美好的印象。

（六）触景生情法

触景生情法是指在导游或景区讲解员讲解中见物生情、借题发挥的一种讲解方法。在景区景点讲解时，导游或景区讲解员不能就事论事地介绍景物，而是要借题发挥，利用所见景物制造意境，引人入胜，使游客产生联想，从而领略其中之妙趣。比如，在带领游客参观一片古老的战场遗址时，导游或景区讲解员可能会这样讲解：“当我们站在这片土地上，眼前仿佛浮现出当年激烈的战斗场景。战士们的呐喊声、枪炮声仿佛还在耳边回响。他们为了正义和自由，不惜牺牲自己的生命。这种英勇无畏的精神，让我们心生敬意，也让我们更加珍惜今天来之不易的和平。”

触景生情法的使用，利用景点所呈现的景象触动游客的内心感受，引发情感上的共鸣，同时使讲解更具感染力和吸引力，让游客更能沉浸在旅游体验中。该方法能够让景区讲解更加生动、深刻，给游客带来更丰富、更有意义的旅游体验。

（七）制造悬念法

制造悬念法是指导游或景区讲解员在景区景点讲解时提出令人感兴趣的话题，但故意引而不发，激起游客急于知道答案的欲望，使其产生悬念的讲解方法，俗称“吊胃口”“卖关子”。这种“先藏后露、欲扬先抑、引而不发”的手法，一旦“发（讲）”出来，会给游客留下特别深刻的印象。比如，在带领游客参观一个自然风景区时，导游或景区讲解员这样说：“大家看眼前这片奇特的石林，每到月圆之夜，这里就会发生一些令人匪夷所思的现象。到底是什么呢？别急，让我们等到今晚月亮升起时，一同见证。”

制造悬念法的使用让游客对即将了解的内容充满期待，主动想要知道答案。同时使游客在整个讲解过程中保持高度的注意力，紧跟导游的节奏。该方法能够有效地提升导游讲解的吸引力和趣味性，为游客带来更加精彩的旅游体验。

（八）类比法

类比法就是在导游或景区讲解员讲解中风物对比，以熟喻生，以达到类比旁通的一种讲解方法。导游或景区讲解员用游客熟悉的事物与眼前景物进行比较，既便于游客理解，又使他们感到亲切，从而达到事半功倍的讲解效果。

同类相似类比：同类相似类比是将相似的两个事物进行比较，便于游客理解并使其产生亲切感。

同类相异类比：同类相异类比是将两种同类但有明显差异的风物进行比较，比出规模质量、风格、水平、价值等方面的不同，以加深游客的印象。

譬如：将北京的王府井比作日本东京的银座、美国纽约的第五大街；将上海的城隍庙比作日本东京的浅草；参观苏州时，将其称作“东方威尼斯”；讲到梁山伯和祝英台的故事时，可以将其称为“中国的罗密欧和朱丽叶”等。

类比法的使用，使复杂、陌生的内容变得简单、熟悉，便于游客理解。同时通过与常见事物的类比，让游客对新的信息有更直观、更深刻的记忆。这种方法也能增加讲解的趣味性和吸引力，减少枯燥感，让游客借助已有的知识和经验，更轻松地理解和感受导游所讲解的内容。

（九）妙用数字法

妙用数字法就是在导游或景区讲解员讲解中巧妙地运用数字来说明景观内容，以促使游客更好地理解的一种讲解方法。

景区讲解中离不开数字，因为数字是帮助导游或景区讲解员精确地说明景物的历史、年代、形状、大小、角度、功能、特性等方面内容的重要手段之一，但是使用数字必须恰当、得法，如果运用得当，就会使平淡的数字发出光彩；否则会令人产生索然寡味的感觉。运用数字忌讳平铺直叙，大量的枯燥数字会使游客厌烦。所以使用数字要讲究“妙用”。例如，讲解一个古老寺庙的历史时：“这座寺庙建于公元500年，至今已有1500多年的历史，见证了无数的风雨变迁。”

妙用数字法的使用能够以直观的方式呈现信息，让游客更容易理解和比较。同时具体的数字能为讲解提供有力的证据，使内容更具说服力。该方法的使用可以让讲解更加生动、准确和有吸引力，给游客留下深刻的印象。

（十）画龙点睛法

画龙点睛法就是导游或景区讲解员用凝练的词句概括所游览景点的独特之处，给游客留下突出印象的讲解方法。游客听了景区讲解，观赏了景观，既看到了“林”，又欣赏了“树”，一般都会有一番议论。导游或景区讲解员可趁机给予适当的总结以简练的语言，甚至几个字，点出景物精华之所在，帮助游客进一步领略其奥妙，获得更多更高的精神享受。例如，在介绍一处历史遗迹时，在讲解完其历史背景、建筑风格等内容后，用一句“这座遗迹不仅是石头与砖块的堆砌，更是岁月的沉淀和文明的传承”来画龙点睛，让游客对其价值有更深的理解。

画龙点睛法的使用能够从大量的讲解信息中提炼出最核心、最能打动人心的要点。同时将普通的讲解内容提升到更高的层次，赋予其更深刻的意义，以简洁有力的方式让游客记住讲解的关键内容。该方法能够使导游讲解更加精彩，让游客获得更丰富、更有价值的旅游体验。

四、景区景点导游讲解语言

（一）无声语言

1. 无声语言运用技巧

（1）无声语言的含义

无声语言又称作态势语，是有声语言（口语）的重要补充。它通过身姿、手势、表情、目光等配合有声语言来传递信息，也称体态语。

在交际中，人们所获得的感觉印象大多数源于视觉，据测定，77% 来自眼睛，14% 来自耳朵，9% 来自其他感觉器官。体态语直接诉诸人的视觉器官。

（2）无声语言的种类

无声语言通过身体的各个方面来表现，主要有：手势语、目光语、身势语、面部语、服饰语等。

（3）无声语言的作用

①无声语言是景区讲解员与游客交往的特殊语言；

②景区讲解员无声语言能吸引游客的注意力；

③无声语言可以表达难以言表的情感。

2. 表情语言

表情语是指通过人的眉、眼、耳、鼻、口及面部肌肉运动来表达情感和传递信息的一种态势语言。

（1）表情的类别

一类是愉快；二类为不愉快；三类为无表情。

（2）讲解员的表情语

讲解员的面部表情要给游客一种平滑、松弛、自然的感觉，要尽量使自己的目光显得自然、诚挚，额头平滑不起皱纹，面部两侧笑肌略有收缩，下唇方肌和口轮肌处于自然放松的状态，嘴唇微闭。

①微笑语

一要笑得自然；二是要笑得真诚；三要笑得适宜，场合要适宜。

②目光语

目光主要由瞳孔变化、目光接触的长度及向度三个方面组成。

一般来说，人的视线向上接触（即仰视）表示“期待”“盼望”或“傲慢”

等含义，视线向下接触（即俯视）则表示“爱护”“宽容”或“轻视”等含义，而视线平行接触（即正视）表示“理性”“平等”等含义。讲解员常用的目光语应是“正视”，让游客从中感到自信、坦诚、亲切和友好。

3. 姿态语言

首语：首语，这里指头的动作表现出的意义。头为仪容的主体，它的位置应该平正闲适，不能偏侧倾斜。头部动作不宜过多，应与体态手势协调一致。

坐姿：讲解员的坐姿要给游客一种温文尔雅的感觉。

立姿：站姿能充分体现出一个人的精神面貌，是其他一切态势的基础。讲解员的立姿要给游客种谦恭有礼的感觉。

走姿：讲解员的走姿要给游客一种轻盈、稳健的感觉。

4. 手势语言

手势不仅是人类历程中最常使用的交际工具，也是人们交往中使用频率最多的一种相互沟通的重要辅助手段。

（1）手势语言的分类

情绪手势：此种手势是伴随着表达者感情起伏发出的。

指示手势：此种手势表示指示具体对象。

象形手势：此种手势是比画事物形象特征的手势动作。

象征手势：用准确恰当的手势显示抽象的事物，引起联想。

（2）手势语言的原则

手势语言使用的首要原则就是雅观自然。使用时务必保持三个协调：手势与全身协调，手势与口头语言协调，手势与感情协调。

（3）手势语言的活动区域及相应的意义

在讲解中，手势的活动可分为三个区域：上区手势语、中区手势语、下区手势语。

5. 界域语言

（1）界域语言的含义

界域语又叫作“空间距离语”，是交际者之间以空间距离所传递的信息，是讲解语言中一个很重要的语言符号。

（2）界域语言的分类

①亲热界域语；

②个人界域语；

③社交界域语。

（3）界域语言对于讲解员的意义

讲解员在带团讲解的过程中，比较常用的是个人界域语和社交界域语，应避免使用亲热界域语。

6. 仪容仪表语言

仪容仪表语言是通过仪容和仪表来传递信息的一种态势语言。主要分成服饰语言和妆容语言。

（1）服饰语言

一个人的服饰既是所在国家、地区和民族风俗与生活习惯的反映，也是个人气质、兴趣爱好、文化修养和精神面貌的外在表现。

服饰语的要素：构成服饰语的要素有三个，即色彩、款式与质地，颜色给人的感觉最为敏感，故其中色彩是第一要素。

正确着装的原则：整洁、协调、有风度。

着装禁忌：忌脏、忌透、忌露。

（2）妆容语言

作为讲解员，在日常的工作中只需要化淡妆，主要把握好以下三点：一是要美观，二是要自然大方，三是要与身份协调相符。

（二）有声语言

1. 有声语言的含义

有声语言是指以说和听为形式表达或接受思想、感情的口头语言。它是人们在社会交往中凭借语言传递信息、交流思想和感情的一种言语形式。

有声语言表达技巧指的是人们在说话中所使用的高超技能和巧妙的表达方法。它是在一般口语技能的基础上，经过反复训练，掌握了口语表达的规律，积累较丰富的经验，从而获得一定表述自由的结果。

2. 有声语言的基本要求

准确：准确即发音准确，吐字清晰，用词用语正确规范，一方面指要合乎全民共同用语规范。

简洁：以最简练的语言输出最大的信息量使听者在最短的时间内获得较多的信息，它包括紧扣话题、重点突出、逻辑性强、有说服力、不含糊其词。

生动要求语言生动形象能够产生强烈的感染力和说服力。

通俗说话要让人听懂。因此，说话者需采用来源于生活、合乎人们的听觉习惯、通俗易懂的口语，尽量使听者感到亲切、自然。

3. 有声语言的技巧

（1）稳定的气息

吸气。吸气的时候，收紧小腹，整个胸部要撑开。尽量把更多的气吸进去。

呼气。呼气的时候应该缓慢地呼出，在讲解中需要较长的气息，只有呼气又慢又长，才能满足时间的要求。

（2）恰当的语气

语气包含的内容是多方面的。当游客指出讲解员语气不对时，可能是指用词不当，句法欠妥；也可能是指态度不对感情失真；还可能是指声音不合，气息失调。这三个方面，在有声语言中是互相制约、相辅相成的。其中尤以声音气息状态为重要环节。

（3）规范的发音

讲解员要说普通话，普通话发音就必须正确、规范，讲解应该力求发音正确、规范。纠正错误读音的最好方法是经常查工具书。

（4）良好的共略

讲解时声带受气息的冲击而发出声音，但音量很小，也不优美。

4. 语言技巧

语音就是指语言的声音，是由人的发声器官发出的。

语音由音高、音强、音长和音色四个基本要素构成。

音高指声音的高低起伏，音强则指声音的强弱轻重，音长顾名思义则指每个字词的发音长短，而音色主要指我们每个人不同的嗓音条件。

音节读准，音节协调，韵调和谐。

5. 语调技巧

语调表示语句的高低升降变化直接表明说话者的思想感情和态度，是语气外在的快慢、高低、长短、强弱、虚实等各种声音形式的总和。

任何语言都少不了要用抑扬顿挫、起伏多变的声调和语调来表达和传达自己的情感。

语调有高升调、平直调、降抑调、曲折调（先升后降或先降后升）四种。

6. 语速技巧

语速指的是讲话时字词的频率或者是讲话的速度，理论上的语速是一个可以量化的内容。

笼统来讲语速可以分为快、中、慢三个档位，中等语速通常指 1 分钟 180 字左右的语言速度、快于此速度的称为快语速、慢于此速度的称为慢语速。语速的快、中、慢速所传递出的情绪是不一样的。

快速语速般包含欢呼、畅谈、争辩、斥责、快乐、焦急、慌乱、愤怒等情绪，语速较快。一般应控制在每分钟 200 个字左右。

中速语速表示一般的叙述、说明、议论、情绪平稳。中速控制在每分钟 180 个字左右。

慢速语速表示沉痛、悲伤的情绪，或暗示、嘲讽等意味。慢速控制在每分钟 150 个字左右。

一般来说，讲解的语速应该掌握在每分钟 200 个字左右。

但对年老的游客要注意放慢语速，以他们听得清为准。

在讲解中，尤为重要的是，要善于根据讲解内容控制语速，以增强讲解语言的艺术性。

7. 停顿技巧

停顿是指语言顿挫，即词与词之间，句子与句子之间的间歇，是讲话时语言交流的行止技巧，包括语法停顿、逻辑停顿、感情停顿。

五、景区景点导游讲解模拟工作任务流程

第一步：导游 / 景区讲解员从旅行社或景区游客中心接到接待团队任务后，首先是要了解接待团队的基本信息，例如人数、年龄、性别等，然后分析团队本次旅行的基本诉求，核实好接待规格，深入分析游客团队需求，为后续讲解接待做好充分的准备，从而确保讲解接待服务质量的提升，得到顾客满意。

第二步：了解了团队需求后，则要有针对性地做好讲解接待准备工作。在当今网络信息时代，学生还能够充分利用互联网搜集有效实用的景区景点资料，去

伪存真，提炼总结团队游客内心所需的内容，从而提高游客兴趣，满足游客旅游诉求，为撰写导游词做好充足准备。

第三步：分析了接待游客团队，搜索了大量素材资料后，作为刚步入岗位的学生，接待之前需要先撰写好个性化导游词，满足游客之所需，游客之所想。将景区景点风景特色、文化渊源、人物故事、知名事件、成功经验等内容结合游客需求进行组织整理，打破千篇一律的陈述性概况讲解，依据导游词撰写要求和技巧整理符合游客要求的个性化导游词。

第四步：要想确保良好的讲解服务质量，在接待团队之前需要对导游词进行熟练讲解，讲解过程中配合手势语言、面部表情等态势语言，进行生动形象的讲解练习，熟记创作的导游词，结合恰当的导游讲解方法确保与游客进行良性互动，借助富有深度的导游词和生动形象的讲解表达提高游客参与游览的积极性，提高导游讲解的基本功。

第五步：无论是在利用角色扮演法进行模拟讲解中，还是实践工作中，总会收到游客多方面的意见和建议，此时应该本着虚心接受和共同进步的思想，对于合理的建议积极采纳，并用实际行动进行练习和改正，在每一次实践后都进行总结反思，养成良好的职业习惯。在每次的查漏补缺后，才能有助于导游讲解技能不断提升，成为一名优秀的旅游行业从业人员。

第二节　工学一体化课程教学改革学习任务设计

一、景区景点导游讲解工作内容转化为学习内容

通过对校企合作旅行社及富有经验的从业人员进行访谈调研，分析工作步骤，提炼每个步骤实际完成的具体工作内容，总结阶段性工作成果，明确企业工作要求，并对完成工作任务常用的工作方法、工具材料设备及劳动组织形式仔细分析。在景区讲点导游讲解工作内容分析的基础上，依据工学一体化课程教学实施理念，面对企业岗位工作的内容及要求，转化成课程学习内容，总结分析学习过程中所需具备的知识点、技能点及通用能力点，真正做到学习内容对接工作内容，学习过程对接工作过程，提高学生综合职业素养。

表 3.1 工作内容与学习内容转化表

景区景点导游讲解工作内容分析								学习内容分析		
序号	工作步骤	具体工作内容	工作成果	工作要求	工作方法	工具材料设备	劳动组织形式	知识点	技能点	通用能力点
1	领取导游讲解任务	1. 能读懂旅游接待计划表； 2. 能根据接待计划表明确导游讲解接待需求； 3. 能与计调、全陪、游客进行信息沟通交流。	1. 旅游接待计划表； 2. 沟通记录； 3. 接待需求思维导图。	1. 全面准确读取提炼旅游接待计划表中的基本信息； 2. 明确接待具体要求及特殊需求等信息； 3. 出现疑问时与计调、全陪或游客及时进行需求信息的沟通确认； 4. 汇总旅游接待信息要点（可借助思维导图）。	1. 观察法； 2. 推理法； 3. 询问法。	1. 旅游接待计划表； 2. 手机； 3. 记录本。	1. 独自阅读旅游接待计划表； 2. 与计调、全陪、游客等进行接待信息交流确认。	1. 旅游接待计划表的信息内容； 2. 思维导图的使用。	1. 旅游接待计划表信息的读取； 2. 旅游接待计划表核心信息的提炼； 3. 利用思维导图绘制接待需求图； 4. 与计调等工作人员进行信息沟通。	沟通表达；自我管理。
2	导游讲解接待前的准备工作	1. 物质准备：导游旗、胸卡（导游证）、扩音器、身份证件等；	1. 讲解接待所需的证件及工具； 2. 仪容仪表仪态等形象得体，符合景区特色；	1. 充分准备好证件及工具等物质需求，不能遗漏； 2. 调整好导游讲解接待心理，从容面对；	1. 归纳整理法； 2. 资料搜集提炼整理；	1. 导游旗、胸卡（导游证）、扩音器、身份证件等；	1. 自我根据旅游接待需求做好相关准备工作；	1. 导游讲解接待前物质准备的内容及注意事项；	1. 景区景点讲解所需物品的准备； 2. 上岗前自我心理的调整；	

续表

景区景点导游讲解工作内容分析								学习内容分析		
序号	工作步骤	具体工作内容	工作成果	工作要求	工作方法	工具材料设备	劳动组织形式	知识点	技能点	通用能力点
2	导游讲解接待前的准备工作	2. 心理准备：调整心态，做好处理问题的准备； 3. 形象准备：仪表端庄自然、仪容干净合理、仪态大方得体； 4. 知识准备：分析游客特点及需求、储备景区景点知识、结合游客特征准备导游词、客源地知识； 5. 计划准备：景区行程安排计划、景点讲解计划。	3. 游客需求特征分析； 4. 符合游客特征的导游词； 5. 客源地知识； 6. 讲解行程预安排。	3. 形象特征符合景区特色和游客需求，干净整洁，仪容仪表仪态符合旅游接待服务礼仪要求； 4. 深入分析接待游客特征及其在导游接待过程中的需求； 5. 储备足够的景区景点知识，面广点深； 6. 结合游客需求提前准备好讲解重点，并整理成导游词； 7. 了解一些客源地知识，便于与游客交流；	3. 经验总结分析法。	2. 网络； 3. 手机； 4. 景区景点资料书籍杂志等。	2. 必要时向老导游学习请教。	2. 导游讲解接待前心理准备的内容及注意事项； 3. 导游讲解接待前形象准备的内容、要求及注意事项； 4. 游客特点及需求分析； 5. 景区景点知识的储备积累； 6. 搜索提炼景区景点知识；	3. 景区景点导游讲解员良好形象的树立； 4. 结合游客特征合理分析游客需求； 5. 善用互联网等渠道搜集提炼景区景点素材； 6. 依据游客需求提炼景区景点知识；	自我管理；信息搜集；归纳整理；沟通表达；自主学习。

续表

景区景点导游讲解工作内容分析								学习内容分析		
序号	工作步骤	具体工作内容	工作成果	工作要求	工作方法	工具材料设备	劳动组织形式	知识点	技能点	通用能力点
2				8. 做好景区景点讲解预安排。				7. 合理撰写导游词，导游词的结构、方法及技巧等； 8. 客源地知识； 9. 导游讲解接待前计划准备的内容及注意事项。	7. 符合游客需求特征导游词的撰写； 8. 游客客源地政治、经济、文化等知识的搜集准备； 9. 景区景点导游讲解前对计划进行合理规划。	
									1. 景区导游讲解服务规范与要求的理解和应用；	

续表

景区景点导游讲解工作内容分析								学习内容分析		
序号	工作步骤	具体工作内容	工作成果	工作要求	工作方法	工具材料设备	劳动组织形式	知识点	技能点	通用能力点
3	导游讲解工作任务实施	1. 热情迎接游客； 2. 依据山岳景区引导技巧合理引导游客欣赏； 3. 流畅地讲解景区景点； 4. 导游讲解中合理运用有声和无声语言，确保讲解生动有趣； 5. 及时回答游客提出的问题； 6. 导游讲解中正确处理导与游之间的关系；	1. 景区景点现场导游讲解； 2. 及时解答游客提出的问题； 3. 带领游客文明、安全参观游览。	1. 景区景点讲解热情、流畅、生动、正确，符合游客需求； 2. 导游讲解重点突出，讲解全面； 3. 导游讲解中合理运用讲解方法、技巧； 4. 游览过程中引导合理，节奏适中； 5. 及时解答和处理游客提出的问题； 6. 与地陪积极沟通交流，获取反馈信息； 7. 告知游客景区景点管理规定及安全提醒，及时制止不文明旅游形象；	1. 实地讲解； 2. 问答法； 3. 积极与游客互动。	导游旗、胸卡（导游证）、扩音器、身份证件等。	1. 个人带领团队实地参观游览； 2. 与地陪、游客等积极协商。	1. 景区景点导游讲解服务规范与要求； 2. 景区景点导游讲解的方法； 3. 景区景点导游引导技巧； 4. 景区景点导游讲解有声和无声语言的内容； 5. 景区景点管理规定及安全注意事项。	2. 能结合游客需求开展重点突出的导游讲解服务； 3. 景区景点导游讲解方法的灵活运用； 4. 结合游客特征和提供合理的导游引导服务； 5. 景区景点导游讲解中有声与无声语言合理地应用；	沟通交流；讲解表达。

续表

景区景点导游讲解工作内容分析								学习内容分析		
序号	工作步骤	具体工作内容	工作成果	工作要求	工作方法	工具材料设备	劳动组织形式	知识点	技能点	通用能力点
3		7. 引导游客文明参观游览，注意安全。		8. 提供参观游览过程中其他相关服务。					6. 结合游客特征控制好游览节奏； 7. 能及时回答解决游客提出的问题; 8. 定期与全陪、游客等进行沟通交流； 9. 景区管理规定和安全要素及时进行提醒，勇于制止不文明行为。	

续表

景区景点导游讲解工作内容分析								学习内容分析		
序号	工作步骤	具体工作内容	工作成果	工作要求	工作方法	工具材料设备	劳动组织形式	知识点	技能点	通用能力点
4	欢送游客	1. 致欢送词，感谢游客对工作的支持； 2. 征询游客意见。	1. 致欢送词； 2. 口头征询游客意见； 3. 回收讲解服务质量征集表。	1. 诚恳地致欢送词，表达感谢； 2. 从正面及侧面了解游客对本次景区景点导游讲解服务的满意情况，口头征询游客意见； 3. 引导游客如实填写讲解服务质量征集表，并全部回收。	1. 实地讲解； 2. 交谈沟通； 3. 问卷调查法。	导游旗、胸卡（导游证）、扩音器、身份证件等；讲解服务质量征集表。	1. 个人向团队致欢送词； 2. 与地陪、游客沟通交流。	1. 欢送词的内容； 2. 导游讲解服务质量征集表的内容及填写要求。	1. 欢送词的撰写与讲解； 2. 能运用口头交流有效征集游客对本次导游讲解服务质量的建议； 3. 讲解服务质量征集表的回收。	沟通表达；
5	善后工作	5.1 处理游客遗留问题； 5.2 进行工作总结。	1. 处理遗留问题(如有)； 2. 工作总结。	1. 及时按质完成好游客的遗留问题； 2. 认真进行工作反思，总结优点，找出不足，提出服务质量改进措施。	总结反思法。	无	自我总结反思。	1. 遗留问题的类型及解决要求； 2. 工作总结的内容。	1. 游客遗留问题的快速处理； 2. 工作总结的撰写及反思。	自我管理；总结表达。

二、工学一体化课程教学学习任务资源设计

学习资源是指教学实施过程中所用到的资源，包含硬件资源、软资源和教学设施等，其中硬件资源分为教学平台 App、教学系统等，软资源分为信息材料、学习视频、工作页等，教学设备分为多媒体设备、实验仪器等。基于对本课程的定位及特性分析，学习资源的确定依据课程学习目标、学习内容、学生活动、教师活动、学习成果等内容进行整理，列出如下能够支撑学习目标达成、学习内容学习的资源。

（一）硬件资源

硬件资源能有效确保教学实施，对提高学生学习积极性具有一定的促进作用。结合我院现有硬件资源实际情况，本课程利用的硬件资源如下。

表 3.2 教学硬件资源表

序号	资源名称	使用环节	资源作用
1	普通教室	贯穿于整个教学过程	为学生提供良好的学习环境，交流学习经验，营造良好的学习氛围。
2	多功能教室	讲解实训环节	辅助教学，帮助学生营造真实的工作情境。
3	多媒体黑板	课中教学	辅助教学，提升学生学习效果和课堂视觉体验，帮助营造真实的工作情境。
4	学习通 App	课前自学 课中教学 课后拓展	打破时间与空间的限制，实现师生线上线下实时交流互动，共享学习资料，实时掌握学生的学习情况。
5	微信	课前自学 课中教学 课后拓展	发布学习任务，实现师生线上线下实时交流互动，共享学习资料。
6	问卷星	课程任务实施全过程	通过学生自主投票，课前了解学生的学习兴趣和学习情况，课中及课后完成小组间自评和互评打分。
7	导游证、导游旗	讲解实训环节	帮助学生营造真实的工作情境，增强职业体验感。

（二）软资源

随着互联网的发展，信息技术在教学领域应用逐步普及，丰富的学习资源对师生提出了全新的要求。一体化教学实施过程中，软资源对教师信息化教学能力提出新要求，能有效激发学生的学习自主性，建造优良的学习环境。本课程为激发学生学习兴趣，提高学习效果，准备了如下软资源。

表 3.3　教学实施软资源表

序号	资源名称	使用环节	资源作用	资源类型
1	旅游景区讲解服务规范	课程任务实施全过程	高标准规范学生操作，培养学生规范讲解景区景点的意识	线下学习资源
2	导游服务规范	课程任务实施全过程	高标准规范学生操作，培养学生服务意识	线下学习资源
3	多媒体课件	课堂教学	辅助教学，提升课堂视觉体验	线下学习资源
4	教材	课程任务实施全过程	辅助教学，提升学习效果	线下学习资源
5	学习工作页	课程任务实施全过程	利用各个学习任务引导学生在问题导向下进行学习，培养学生自主学习能力	线下学习资源
6	评分标准	课堂教学	用评价表引导、督促学生学习，巩固知识，提高学习效率	线下学习资源
7	湖南导服公众号	课程任务实施全过程	对接导游证考试标准，实现课证融通	线上学习资源
8	导游云课堂微信公众号	课后拓展	实时掌握旅游相关动态，紧跟岗位需求，掌握相关旅游知识	线上学习资源
9	三毛游景点讲解 App	课前自学 课后拓展	提高学习趣味性，加强对景区的直观了解，提高任务完成的效率和质量	线上学习资源

续表

序号	资源名称	使用环节	资源作用	资源类型
10	景区讲解口袋App	课前自学 课后拓展	提高学生学习的趣味性及讲解技能	线上学习资源
11	导游考试通App	课程任务实施全过程	对接导游证考试要求，实现课证融通	线上学习资源
10	抖音App	课后拓展	体验线上导游工作情境，发布作品，开展社会评价，提高职业认同感和自信心	线上学习资源
11	哔哩哔哩导游大赛视频	课前自学 课后拓展	学习行业内优秀导游景区讲解经验，并将其运用到学习中	线上学习资源
12	各景点经典导游词	课程任务实施全过程	为学生提供景区景点基本信息，帮助学生掌握纂写导游词的基本要素	线下学习资源
13	各大景区微信公众号	课程任务实施全过程	为学生提供搜集景区信息的权威渠道，引导学生自学	线上学习资源
14	湖南各景区导游视频	课程任务实施全过程	引导学生结合各景区导游视频进行讲解训练，在提升学生讲解质量的同时实现课证融通	线上学习资源

（三）教学设施

教学设施是辅助教学过程中实施计划环节的重要支撑点，鉴于景区景点导游讲解实际工作中所要运用的设备工具，本课程准备了如下教学设施设备，为学生营造了良好的学习氛围。

表 3.4 教学设施表

序号	资源名称	使用环节	资源作用
1	导游证	讲解实训环节	帮助学生营造真实的工作情境，增强职业体验感
2	导游旗	讲解实训环节	帮助学生营造真实的工作情境，增强职业体验感

续表

序号	资源名称	使用环节	资源作用
3	扩音器	讲解实训环节	帮助学生营造真实的工作情境，增强职业体验感
4	电脑	课程任务实施全过程	便于信息化教学手段的开展
5	手机	课程任务实施全过程	便于信息化教学手段的开展

三、工学一体化课程教学学习任务评价设计

学习任务评价方案机制能更好地激发学生的学习热情，提高学生的学习自信心，增加课堂教学的趣味性，充分体现出寓教于乐的教学思想，对学生沟通表达等通用能力素质培养具有重要意义。结合景区景点导游讲解对应的工具情境，依据课程学习任务所需掌握的学习内容和达成的学习目标，特制定课程学习任务评价方案。基于本课程学习任务是具有并列关系的特殊性，每个学习任务的评价方案基本一致。

（一）学习任务评价设计思路

任务评价主要依据《旅游景区讲解服务规范》、导游资格证面试评分标准、《导游服务规范》及企业的相关标准参考制定，由过程性评价与结果性评价两部分组成，从多元角度对学生的工作任务学习情况进行质量监控。

（1）评价主体：学生自评、小组互评、教师评价。

（2）评价工具：讲解评分表、思维导图评分表、课程积分统计表、学习工作页、腾讯在线文档。

（3）评价方式：口头评价 + 书面评价 + 评分评价，主观评价和客观评价相结合。

（4）评价维度：理论知识评价 + 工作任务实施评价。

（5）评价特色：一是评价标准与服务标准和导游资格证考试相呼应，二是任务实施全过程评价，每完成一项工作任务立即开展评价，三是综合职业素养评价与专业技能评价同步进行，四是以评价为载体激发学习兴趣，“挑战达人”“领学达人”“人气达人”评选营造竞争性学习氛围。

（二）学习任务评价实施方案

1. 评价主体

学生：学生是教学的主体，因此学生的评价主要分为学生自评和互评两部分，其中，学生自我评价从“劳动纪律”和“岗位职责”两方面对学生进行评价。学生互评则是结合导游证面试要求从学生的形象、语言技巧、导游词、综合技巧几个方面对学生进行评价，让学生在评价的过程中掌握导游证面试要求。

教师：教师评价对学生的学习具有重要的指导作用，因此，教师对学生的评价应当贯穿于整个教学过程，从课前、课中、课后几个环节对学生任务的掌握和完成情况进行评价。

2. 评价方式

主观评价：主观评价主要采用口头评价和书面评价的方式。其中口头评价主要是指课堂上学生及教师对学生做出的点评。书面评价则是结合工作页和评分表对学生职业素养、工作能力、学习水平以及讲解的优缺点的记录，并在此基础上提出改进建议。

客观评价：采用过程性和终结性相结合的方式，过程性评价依托“问卷星”设计学生自评、学生互评和教师评价表，终结性评价则综合从学生职业素养、工作能力、学习水平几个方面对学生进行考核。

3. 评价内容及权重

表 3.5 课前小组学习评价标准及评分权重

评价时间	评价维度						
	教师评价（70%）		小组互评（20%）		小组自评（10%）		
课前（20%）	课前任务完成质量评价	评价标准	分值	评价标准	分值	评价标准	分值
课前（20%）	课前任务完成质量评价	认真阅读学习任务信息页内容	10	认真学习老师提供的学习资料	10	认真学习老师提供的学习资料	10

续表

评价时间	评价维度					
	教师评价（70%）		小组互评（20%）		小组自评（10%）	
	按时提交课前任务作业	10	按时提交课前任务作业	10	按时提交课前任务作业	10
	思维导图内容正确全面	20	游客团队分析深入且恰当	20	游客团队分析深入且恰当	20
	思维导图美观漂亮	10	景区讲解理论知识总结全面且内容正确	25	景区讲解理论知识总结全面且内容正确	25
	利用互联网认真查阅资料	20	思维导图制作精美漂亮	10	思维导图制作精美漂亮	10
	对于优秀讲解视频学习思考深入	10	对于优秀讲解视频学习思考深入	15	对于优秀讲解视频学习思考深入	15
	积极、主动参与学习意识及能力	20	工作页版面整洁，字迹工整	10	工作页版面整洁，字迹工整	10
	小计		小计		小计	

表 3.6　课中及课后小组学习评价标准及评分权重

课中（60%）	评价维度	评价标准	分值	评价主体		
				教师评价（60%）	小组自评（15%）	小组互评（25%）
课中（60%）	职业素养评价（30%）	仪容仪表：衣着端庄整齐，与所讲景点内容协调，言行举止大方得体，符合导游人员礼仪礼貌规范。	5			
		口头语言：语音清晰，语速适中，节奏合理。	5			
		态势语言：站姿规范，表情生动丰富，手势及其他身体语言应用适当与适度。	5			
		表达能力：语言准确、规范；表达流畅、有条理：具有生动性和趣味性。	5			
		沟通合作：组内沟通合作协调，能够做到齐心协力完成任务。	5			
		精益求精：对待学习任务追求完美，能反复改进磋商。	5			
	工作能力评价（50%）	理实结合：景区讲解理论知识与景点实际结合分析较好。	5			
		需求分析：游客团队需求分析合理，考虑问题比较全面。	10			
		资料搜索：资料搜索渠道合理。	5			
		导游词：导游词规范、结构合理、条理清晰、特色突出、详略得当，符合团队需求特征。	15			
课中（60%）	工作能力评价（50%）	讲解技巧：语言流畅且富有感染力，讲解方法运用恰当，符合团队需求特征。	15			

续表

课中（60%）	评价维度	评价标准	分值	评价主体		
				教师评价（60%）	小组自评（15%）	小组互评（25%）
课中（60%）	学习能力评价（20%）	学习态度：团队学习态度端正，及时完成各项学习任务，团队决策分工合理。	5			
		学习能力：团队深入思考分析问题，善于自学各项资料，能够高质量地完成各项工作任务。	5			
		学习目标：团队阶段性学习目标完成较好，景区景点讲解能效较好，有效达成学习目标。	5			
		学习方法：团队自学意识强，善于运用讨论、头脑风暴等学习方法，且成效较好。	5			
课后（20%）	社会评价（抖音人气达人评选）	抖音点评浏览数和点赞数第 1 名。	17–20			
		抖音点评浏览数和点赞数第 2、3 名。	14–16			
		抖音点评浏览数和点赞数第 4、5 名。	11–13			

表 3.7　个人学习任务评价指标及权重

评价维度	评价标准	分值	得分
小组得分(50%)	所在组的综合评分	100	
个人自评(10%)	评价标准	分值	得分
	严格遵守课堂纪律	10	
	按时按质完成课程任务	10	

续表

<table>
<tr><th>评价维度</th><th>评价标准</th><th>分值</th><th colspan="5">得分</th></tr>
<tr><td rowspan="7">个人自评
(10%)</td><td>为本组问题解决提供有效方法</td><td>10</td><td colspan="5"></td></tr>
<tr><td>熟练掌握本堂课的知识要点</td><td>20</td><td colspan="5"></td></tr>
<tr><td>能协助分析且配合完成任务</td><td>10</td><td colspan="5"></td></tr>
<tr><td>能吃苦耐劳、服从小组安排</td><td>10</td><td colspan="5"></td></tr>
<tr><td>能做到主动完成学习任务</td><td>10</td><td colspan="5"></td></tr>
<tr><td>能按服务规范要求进行讲解实操</td><td>20</td><td colspan="5"></td></tr>
<tr><td>小计</td><td></td><td colspan="5"></td></tr>
<tr><td rowspan="10">组内互评
(20%)</td><td>评价标准</td><td>分值</td><td>①</td><td>②</td><td>③</td><td>④</td><td>⑤</td></tr>
<tr><td>严格遵守课堂纪律</td><td>10</td><td></td><td></td><td></td><td></td><td></td></tr>
<tr><td>按时按质完成课程任务</td><td>10</td><td></td><td></td><td></td><td></td><td></td></tr>
<tr><td>为本组问题解决提供有效方法</td><td>10</td><td></td><td></td><td></td><td></td><td></td></tr>
<tr><td>熟练掌握本堂课的知识要点</td><td>20</td><td></td><td></td><td></td><td></td><td></td></tr>
<tr><td>能协助分析且配合完成任务</td><td>10</td><td></td><td></td><td></td><td></td><td></td></tr>
<tr><td>能吃苦耐劳、服从小组安排</td><td>10</td><td></td><td></td><td></td><td></td><td></td></tr>
<tr><td>能做到主动完成学习任务</td><td>10</td><td></td><td></td><td></td><td></td><td></td></tr>
<tr><td>能按服务规范要求进行讲解实操</td><td>20</td><td></td><td></td><td></td><td></td><td></td></tr>
<tr><td>小计</td><td></td><td></td><td></td><td></td><td></td><td></td></tr>
<tr><td rowspan="3">教师评价
(20%)</td><td>评价标准</td><td>分值</td><td colspan="5">得分</td></tr>
<tr><td>严格遵守课堂纪律</td><td>10</td><td colspan="5"></td></tr>
<tr><td>积极配合参与小组任务，沟通协作能力较强</td><td>10</td><td colspan="5"></td></tr>
</table>

续表

评价维度	评价标准	分值	得分
教师评价(20%)	语言表达能力较好，积极参与互动	10	
	负责的工作任务完成质量较好	15	
	能利用互联网高效搜索景区景点资料	10	
	能正确高质量完成思维导图制作	10	
	能按服务规范要求进行讲解实操	20	
	学习态度端正，学习目标有效达成	15	
	小计		
	个人得分		

四、工学一体化课程教学学习任务内容设计

（一）课程教学内容的基本要求

1. 学习对象分析

（1）学生特征

学生特征分析以湘潭技师学院 2021 级中技旅游班为例进行分析。2021 级旅游班学生整体性格内向，少数人平时很少开口讲解，纪律性不够强；学生学习态度不够端正，经过前面的合作，配合完成实践作业的人数不多；他们现处于第四学期，即将面临顶岗实习，学生未来发展目标不够明确，对单招、就业等考虑不够充分，学习动力不足。

（2）学生学历基础

学生已经学习了导游业务、旅游地理、旅游服务礼仪等知识，具备了景点讲解学习基础；同步开设的旅游美学及演讲口才能够较好地帮助本课程的学习进步；

学生的讲解能力普遍较弱，导游词撰写能力不强，语言表达技巧运用能力较差。

（3）教学策略

多加强对学生未来发展的引导，增强学习自信心和动力；以导游证考试题材为素材开展不同类型景区景点讲解练习；采用工学结合理念，将理论和实践有机结合，借助情境教学等手段增强课堂实践性和趣味性。

2. 课程教学主要任务

（1）基础理论部分

解读景区讲解服务；导游词撰写技巧；景区讲解的语言技巧。

（2）技能实践部分

模块一：地文类旅游景区景点导游讲解服务（任务 1：张家界天门山景点讲解服务；任务 2：新宁崀山景区讲解服务；任务 3：张家界黄龙洞景点讲解服务）

模块二：红色类旅游景区景点导游讲解服务（任务 4：毛泽东同志故居景点讲解服务；任务 5：宁乡花明楼景区讲解服务）

模块三：水域类旅游景区景点导游讲解服务（任务 6：资兴市东江湖景区讲解服务）

模块四：生物类旅游景区景点导游讲解服务（任务 7：湖南省植物园景区讲解服务）

模块五：建筑与设施类旅游景区景点导游讲解服务（任务 8：湖南省博物馆马王堆汉墓陈列馆讲解服务；任务 9：衡山南岳大庙景点讲解服务；任务 10：岳阳楼景点讲解服务）

（3）课程学习目的和要求

学习完本课程后，学生应当能够胜任景区导游讲解等工作任务，并严格执行景区的安全管理制度、导游服务规范、景点讲解员工作标准等相关规定，养成团队协作、礼貌待人、吃苦耐劳、诚实守信、热情服务等良好的职业素养，形成以游客为中心的导游服务意识。具体目标为：

①能阅读旅游接待计划任务书，明确讲解接待时间、游览线路和讲解要求。

②能与游客和计调、全陪等相关人员进行专业沟通，以独立或小组合作的形式，根据旅游者的年龄、性别、职业等因素综合分析团队特点及需求制定景区讲解接待作业流程，并进行讲解接待前的准备工作。

③能按景区景点讲解接待作业方案，根据景区景点讲解工作流程，在规定的

时间内完成地文类、水域类、生物类、建筑与设施类、红色文化类旅游景区景点讲解等工作任务。

④能根据导游服务规范及景区景点讲解服务规范等行业和企业服务规范，按旅游行业讲解服务标准，对景区讲解服务质量进行自我评估，及时征询游客对讲解服务的意见和建议，正确处理好导与游之间的关系，整理好相关工作资料。

⑤能展示景区景点讲解的工作技术要点，总结讲解工作经验，分析不足，提出改进措施。

⑥能分析判断中国旅游业的发展动态及趋势，遵守职业道德，具有一定的环保、安全和成本意识，养成爱护景区设施、文明讲解、热情服务等良好的职业素养，培养职业认同感。

（4）课程学习的重难点

①学习重点

任务 1：张家界天门山景点讲解服务；

任务 2：新宁崀山景区讲解服务；

任务 3：张家界黄龙洞景点讲解服务；

任务 4：毛泽东同志故居景点讲解服务；

任务 5：宁乡花明楼景区讲解服务；

任务 6：资兴市东江湖景区讲解服务；

任务 7：湖南省植物园景区讲解服务；

任务 8：湖南省博物馆马王堆汉墓陈列馆讲解服务；

任务 9：衡山南岳大庙景点讲解服务；

任务 10：岳阳楼景点讲解服务。

②学习难点

讲解接待团队的需求分析；根据景区特色及团队需求撰写有特色的导游词；对不同类型景区进行讲解实践；景区讲解过程中合理把握有声和无声语言的应用；

灵活针对不同类型团队开展景区讲解服务；景区讲解过程中处理好导与游之间的关系。

（二）工学一体化学习任务设计

1. 依据湘潭技师学院实际情况确定课程学习内容

学习内容体系的确定过程由图 3.2 所示，具体学习任务如下表 3.8 所示。

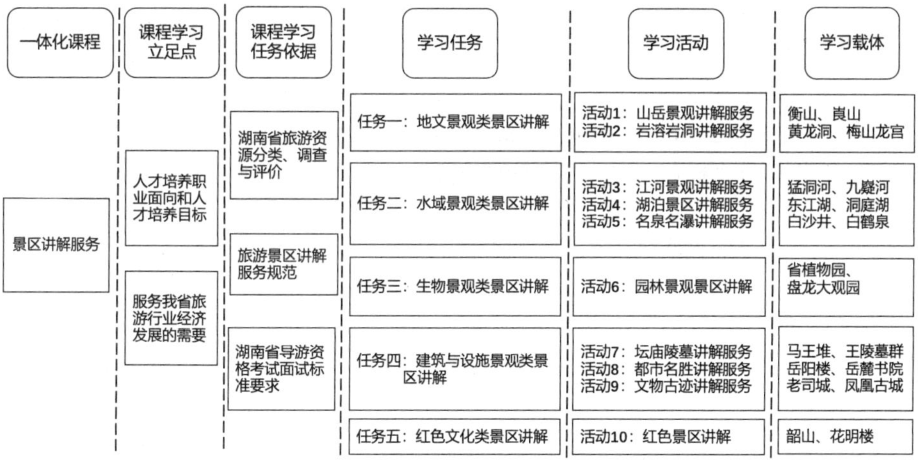

图 3.2　景区讲解服务课程工学一体化学习内容体系

表 3.8　工学一体化具体学习内容

序号	学习任务	学习活动	学习内容	学习载体	德育元素
1	知识回顾并打牢理论基础	认识景区讲解服务	认识旅游景区和景区讲解人员；景区引导技巧和讲解服务。		脚踏实地 端正态度
2		牢固景区讲解服务理论根基	导游词撰写技巧；景区讲解的语言技巧；景区讲解的方法。		
3	地文景观类景区讲解	活动 1：山岳景区讲解服务	山岳景区的欣赏角度及引导技巧；山岳景区的讲解。	衡山、崀山	文化自信 强身健体 保护资源 爱护环境
4		活动 2：岩溶岩洞讲解服务	岩溶岩洞景区的欣赏角度及引导技巧；岩溶岩洞景区的讲解。	黄龙洞、梅山龙宫	审美培育 安全教育 环境保护

续表

序号	学习任务	学习活动	学习内容	学习载体	德育元素
5	水域景观类景区讲解	课题 3：江河景区讲解服务	江河景区的欣赏角度及引导技巧；江河景区的讲解。	猛洞河、九嶷河	德孝文明 美丽河湖生态治理 少数民族文化传播
6		课题 4：湖泊景区讲解服务	湖泊景区的欣赏角度及引导技巧；湖泊景区的讲解。	东江湖、洞庭湖	践行“两山”理念 环境治理 乡村振兴旅游
7		课题 5：名泉名瀑景区讲解服务	名泉名瀑景区的欣赏角度及引导技巧；名泉名瀑景区的讲解。	白沙井、白鹤泉	历史沿革 保护水资源
8	生物景观类景区讲解	课题 6：园林景区讲解服务	园林景区的欣赏角度及引导技巧；古典园林景区的讲解。	省植物园、盘龙大观园	园林文化 地方文化 生物知识科普爱护植被 文明旅游
9	建筑与设施景观类景区讲解	课题 7：坛庙与陵墓景区讲解服务	坛庙与陵墓景区的欣赏角度及引导技巧；坛庙与陵墓景区的讲解。	马王堆、王陵墓群	历史文明 名人轶事
10		课题 8：都市名胜景区讲解服务	都市名胜景区的欣赏角度及引导技巧；都市名胜景区的讲解。	岳阳楼、岳麓书院	书香文明 道德文化
11		课题 9：文物古迹景区讲解服务	文物古迹景区的欣赏角度及引导技巧；文物古迹景区的讲解。	老司城、凤凰古城	少数民族文明传播 文化遗产 文化自信
12	红色文化类景区讲解	课题 10：红色景区讲解服务	红色景区的欣赏角度及引导技巧；红色景区的讲解。	韶山、花明楼	爱国教育 红色传承 伟人精神
13	职业素养的养成		遵守《导游服务规范》、景区讲解员岗位工作标准。	课程学习全过程	
参考性学习任务					

续表

序号	学习任务	学习活动	学习内容	学习载体	德育元素
序号	名称			学时	
1	景区讲解服务理论基础知识			10	
2	山岳景区讲解服务			8	
3	岩溶岩洞讲解服务			8	
4	江河景区讲解服务			8	
5	湖泊景区讲解服务			8	
6	名泉名瀑景区讲解服务			8	
7	园林景区讲解服务			8	
8	坛庙与陵墓景区讲解服务			8	
9	都市名胜景区讲解服务			8	
10	文物古迹景区讲解服务			8	
11	红色景区讲解服务			8	

2. 学习任务一体化教学设计

依据课程任务学习内容体系，结合学习对象具有并列关系的特征，学生能够较好地做到举一反三，通过对不同接待团型特征分析，能够较好地提高学生的景点讲解能力。不同景点的学习任务设计架构大体相同，故选取山岳景观、溶洞景观、红色文化景观三类典型工作任务的代表景点工学一体化教学设计进行展示。教学设计展示内容共包括学习任务描述、学习目标与内容、学习信息页、学习工作页。学习任务是清晰地阐述学习情境，帮助学生构建学习场景；学习目标与内容是告知学生学习完本任务后能够达成的目标及具体学习内容；学习信息页是帮助学生顺利完成本学习任务所需的相关信息资料，供学生参考提炼使用；学习工作页是为了辅助学生达成学习目标，用来引导学生记录学习任务的完成过程，同时能够较好地记载学习知识点，供学生课后巩固思考完善，利于记录学生学习的全过程。

（1）山岳景区学习任务一体化教学设计

1）学习任务描述

地面高耸的部分称之为山，高大的山谓之“岳”。古诗云：“登东山而小鲁，登泰山而小天下。”于是，“小天下”成为游客登泰山的“动机”。“横看成岭侧成峰，远近高低各不同”，则是不同人群、不同角度对于庐山的欣赏审视。山岳景区是地貌旅游景观中最有旅游价值的部分，以其雄伟的姿态、奇异的景观、险峻的地势、秀美的风景成为我国著名旅游景区的代表，也是地理学、地质学、生态学、医学、国学、艺术等众多学科实践教学的基地。山岳景观不仅是一种自然景观，其蕴含的山岳文化同时兼具自然景色美和社会文化美。

春暖花开时节，红太阳旅行社将组织湘潭青少年旅行团赴张家界天门山景区进行爬山体验，感受春天里户外山水文化，锻炼身体，增强体质。现需地陪或景区讲解员完成本次天门山景点的导游讲解工作，团队详情请见旅游接待计划书（如表 4.9 所示）。

地陪导游（景区讲解员）从旅行社或者游客服务中心领取旅游接待任务单，明确工作时间和要求；根据相关要求做好物质、知识和心理等方面的准备工作；结合自身经验和任务要求进行接待团队的特征和需求分析；有针对性地利用互联网查阅景区资料并撰写个性化导游词；带领团队参观游览并提供合理的导游讲解服务，提供游客景区安全注意事项；征询游客对讲解服务的意见和建议，进行工作总结；相关资料反馈给上级领导，学习参考使用学时 8 课时。

表 3.9　张家界天门山景区导游讲解旅游接待计划书

<table>
<tr><th colspan="7">红太阳旅行社　接待计划书</th></tr>
<tr><td>组团社</td><td colspan="2">红太阳旅行社</td><td>团号</td><td>GLOTS-0205B</td><td>客源地</td><td>湘潭</td></tr>
<tr><td rowspan="3">旅游团构成</td><td colspan="2">人数：20 人</td><td colspan="2">组团社计调</td><td colspan="2">王勇</td></tr>
<tr><td>男：12 人</td><td>16—18 岁</td><td colspan="2">全　陪</td><td colspan="2">李丽　158****3323</td></tr>
<tr><td>女：8 人</td><td>16—18 岁</td><td colspan="2">领　队</td><td colspan="2">无</td></tr>
<tr><td rowspan="2">抵离时间</td><td colspan="6">2023 年 2 月 27 日（湘潭—张家界）乘动车赴张家界，抵达时间：10 时 41 分</td></tr>
<tr><td colspan="6">2023 年 3 月 2 日（张家界—湘潭）乘动车回湘潭，开车时间：18 时 01 分</td></tr>
</table>

续表

<table>
<tr><th colspan="5">红太阳旅行社　接待计划书</th></tr>
<tr><td rowspan="4">行程安排</td><td>活动内容</td><td colspan="2">入住饭店</td><td>用餐情况</td></tr>
<tr><td>D1：黄龙洞（龙宫、响水河、定海神针）</td><td colspan="2">张家界禾田居度假酒店</td><td>中餐、晚餐：含</td></tr>
<tr><td>D2：出发赴武陵源→游览【张家界国家森林公园】→【天子山风景区】→【袁家界风景区】</td><td colspan="2">张家界禾田居度假酒店</td><td>早餐、中餐：含</td></tr>
<tr><td>D3：天门山（玻璃栈道、天门洞、通天大道、鬼斧栈道等）</td><td colspan="2">回湘潭</td><td>早餐、中餐：含</td></tr>
<tr><td>备注</td><td colspan="4">1. 此团为湘潭 ** 学校的学生旅游团
2. 团餐安排：
1 早 3 正，10 月 1 日早餐自理。餐标：早餐：5 元 / 人；中、晚餐：20 元 / 人</td></tr>
<tr><td>地接社</td><td colspan="2">中青旅旅行社</td><td>团队等级</td><td>常规团</td></tr>
<tr><td>计调</td><td>温键 电话：86721432</td><td>地陪</td><td colspan="2">张辉 电话：138****6819</td></tr>
<tr><td>汽车</td><td>湘旅汽车有限公司（30 座金龙）</td><td>司机</td><td colspan="2">李君 电话：138****5678</td></tr>
</table>

2）学习目标与学习内容

学习目标：能有效阅读旅游接待计划表，与计调、全陪、游客进行沟通，明确接待要求；能依据旅游接待要求做好讲解接待前的物质、心理、形象、知识及计划五方面的准备工作；能客观正确地分析青少年旅行团队的需求特征；能巧妙运用互联网等渠道搜集提炼积累天门山景区资料；能运用山地旅游景观的引导和讲解方法技巧，有效使用有声和无声语言，提供热情、流畅、正确的景区景点导游讲解服务；能在讲解接待中正确处理好导与游的关系，树立以游客为中心的服务意识；能征询游客反馈意见，及时自我总结反思。

学习内容：学习知识点包括旅游接待计划表的信息读取及思维导图的绘制；讲解接待前物质、心理、形象、知识及计划准备的具体内容和注意事项；青少年旅行团队的需求特征；导游词的结构及撰写的方法；客源地湘潭的相关知识；导游讲解的方法及有声和无声语言的要求；天门山景区的引导技巧和景区景点知识；

天门山景区的管理规定及安全注意事项；欢送词的结构及内容。学习技能点包括旅游接待计划表信息的读取、提炼和整理，与计调等工作人员进行信息沟通；

景区景点导游讲解所需的物品、形象、心理及知识的准备；结合青少年游客特征合理分析游客需求；善用互联网等渠道搜集天门山景区素材，依据青少年游客需求提炼天门山景区知识；符合青少年游客需求特征导游词的撰写；客源地湘潭政治、经济、文化等知识的搜集准备；运用山地旅游景观的引导和讲解方法技巧，有效使用有声和无声语言，提供热情、流畅、正确的景区景点导游讲解服务；讲解接待中正确处理好导与游的关系，征询游客反馈意见，及时自我总结反思。通用能力知识点包括自主学习、沟通表达、搜集提炼、归纳整理及自我管理。

3）学习信息页

①天门山景区简介

天门山隆起开始于燕山运动，再经喜马拉雅山造山运动，造就了天门山隆起的主体，经强烈的剥蚀和淋溶作用，形成了现今的喀斯特山地地貌。山顶因长期的风化剥蚀和断层作用，四周陡峭部分被剥蚀仅保存了核部产状宽缓的地层，呈现出孤立台地地貌。天门山峭壁以下有向下伸出的几条曲折的山峦，被山脚两支横亘东西山岗切断，构成中山峡谷、峰丛洼地及峰脊谷地地貌。

天门山属典型的喀斯特地貌，海拔 1518.6 米，属于新华夏系，武陵隆起带。天门山的东南侧以薄层至中厚层泥质条带灰岩和灰岩为主，西北侧以中至厚层的白云岩和灰岩为主组成石灰岩山地、丘陵、洼地等岩溶地貌。

天门山属中亚热带山原型季风气候，具有温凉、湿润多雾和无明显夏季等气候特征，温度常年较市区低 6—8℃，夏季山中平均温度不超过 20℃。

天门山山顶森林属原始次森林，拥有的珍贵树种有：珙桐、香果树、金钱槭、大庸鹅耳枥以及麻花杜鹃等。其中，珙桐俗称鸽子花，有着“植物大熊猫”之称，而在海拔 1500 多米的天门山所拥有的 100 多株高山珙桐群落更是世界罕见；大庸鹅耳枥和麻花杜鹃则分别是 1985 年和 2006 年有关专家在天门山发现的新树种。天门山又是天然的中药宝库，据初步调查有 200 多种，如：黄连、天麻、麝香等。

天门山景区内有着丰富的野生动物资源，现记录的陆生脊椎动物 205 种，如：豹、猕猴、鹿、麝子、麂、狐狸、野猪、穿山甲、野羊、飞虎等，高山猛禽类如：鹞、鹰等也常在天门山上空活动。其中国家一级保护动物 2 种，国家二级保护动物 26 种，有 171 种野生动物属“国家保护的有益的或者有重要经济、科学研究价值的陆生野生动物”。

天门山旅游区总面积 96 平方千米，山顶面积达 2 平方千米，兼峰、石、泉、溪、云、林于一体，集雄、奇、秀、险、幽于一身，分碧野瑶台、觅仙奇境、天界佛国、天门洞开四大游览区，景色各异。

天门山有八仙塞天门眼、八仙遗座、鬼谷修易、秦始皇赶山填海、田僮天门眼遇仙、王灵官守山门、仙人峰、野拂藏宝、野拂显武功、易嘉德天门洞遇仙、樱桃湾、袁公盗天书、祖师岩脚迹等故事传说。

②天门山景区游览景点

天门洞开景区：位于天门山山体的中上部，海拔1300米，是全山四大景区里唯一不在山顶的。天门洞开景区因为天门洞而得名，而在天门山天门洞是最有代表性的景点。作为世界最高海拔的天然穿山溶洞，天门洞悬于千寻素壁之上，就像一座镶嵌在天幕上的通天之门。著名学者黄锦祥曾赋诗《游天门山》一首："绝壁千峰万仞哉，迂回栈道上云台。天门雾锁晴还雨，洞宇弥烟拨不开。"这首赞美张家界的诗句至今被广泛传诵。

上天梯：共计九百九十九级台阶的上天梯，是通达天门的途径，也是许愿祈福的灵地。

天门洞：是世界最高海拔的天然穿山溶洞。三国吴永安六年（公元263年），嵩梁山千米峭壁轰然洞开，就像一座镶嵌在天幕上的通天之门，成为天下罕见奇景，嵩梁山亦由此改称天门山。

天门山索道（虹索龙翔）：世界最长的高山客运索道——天门山索道，共有轿厢98个，索道支架57个（含3个救护支架），全部采用法国POMA公司原装进口设备。

通天大道：通天大道因通往天门洞而得名，全长10.77公里，蜿蜒九十九弯，每逢9湾便有一座石碑作为标志，99道湾正扣合天有九霄之意，是天门山十大景点之一。

空中石林——盆景大观：天门山地质上为完整的向斜构造单元，发育着典型的中山岩溶台地峰林峡谷地貌。

碧野瑶台景区：作为国家森林公园，天门山顶拥有完整的原始森林，而原始森林的核心保护区就在碧野瑶台景区。在这里，布满青苔的奇石随处可见，珍稀树种、珍贵药材也时有发现。整个景区就像一个天然的大盆景，游客走在蜿蜒的游路上，可以尽情领略到自然的风趣。碧野瑶台景区，位于山顶的东部，以自然风光为特色，拥有20多个景点，是天门山四大景区里景点最多的一个。

灵泉：灵泉，被当地人称为“神泉”，泉水自岩隙涌出，长年不涸，清凉甘甜

灵泉院：因灵泉而得名，始建于唐代，处士周朴曾隐居于此。

云梦仙顶：云梦仙顶，三面绝壁，拔地顶天，为天门山十六峰之一。

原始次森林：天门山顶拥有着完整的原始次森林，一年四季野趣盎然，是不可多得的“原始空中花园”。

北俯视天门：北俯视天门和南俯视天门对峙，这也是清楚俯瞰天门洞的绝佳角度。

樱桃湾：樱桃湾广场，是天门山顶三个分景区的交汇处，东线和西线以及天门山寺游线的汇合点，也是天门山顶两大服务区之一。

觅仙奇境景区：位于山顶的西部，是天门山“隐逸文化”和“仙山文化”的发源地。

求儿洞：天门山十六洞天之一，民间传说送子观音在此显圣，虔心许愿，可求儿女。

观鬼谷洞：鬼谷洞，天门山十六洞天之一，纵横家鬼谷子曾居此学《易》。

捭阖：西线核心景点。

凌霄台：与云梦仙顶一起为天门山两大景观台之一，西线核心景点。

鬼谷栈道：栈道全长 1600 米，平均海拔为 1400 米，起点是倚虹关，终点到小天门。与其他栈道不同的是，鬼谷栈道全线既不在悬崖之巅，也不在悬崖之侧，而是全线都立于万丈悬崖的中间。

玻璃栈道：玻璃栈道悬于天门山山顶西线，长 60 米，最高处海拔 1430 米。

天界佛国景区：天界佛国景区位于天门山山顶的南部，是天门山“佛教文化”的核心区域，最主要的景点是天门山寺。

素斋楼：位于天界佛国景区天门山寺旁，是专为天门山寺配套兴建的餐饮服务项目，将汇集寺庙素斋精华。

③天门山森林公园注意事项

天门山森林公园关门时间：18：00。

游玩时也需要关注景区开放时间：

1 月 1 日—9 月 30 日，07：30—18：00（停止售票 16：00)；

10 月 1 日—10 月 6 日，06：30—18：00（停止售票 16：00)；

10月7日—12月31日，07：30—18：00（停止售票16：00)。

注意道路交通安全。要选择具有合法资质的交通运营单位提供的服务，索要并保存好票据。自驾车出游的游客，要做好车况检查、关注天气变化、遵守交通法规。远道出行的游客不要长时间驾车，避免疲劳驾驶。

注意涉水旅游安全。参加漂流、潜水、帆船、水上滑翔等风险较高旅游项目，要选择资证齐全的经营单位，同时听从工作人员安排，配合做好各项安全防范。要根据身体健康状况、水性、天气和水体情况选择适宜的水上旅游项目，不要冒险挑战超过自身承受能力的高危险项目。到海边观景的游客要特别注意风浪。

注意景区游览安全。要选择合适的衣着和装备（防滑、防晒、防中暑、防叮咬）。要注意景区设立的安全警示标识，不要到景区划定的安全游览路线以外游玩，不要进入有危险的地方。山地旅游要量力而行，注意天气和路面情况，防止不慎跌伤、坠落。

注意饮食卫生。要选择资质良好的餐饮场所就餐，尽量选择高温加工的新鲜食物，特别不要食用无证摊贩贩卖的生冷食品。食用水产要选择鲜活产品，最好加工成熟后食用，尽量不要冒险食用生冷海鲜、河鲜。可随身携带一些治疗腹泻的非处方药物。

注意因天气变化而导致的景区游览线路的变化。

④青少年旅游行为特征

年龄特征：12—25岁左右。

性格特征：自我意识迅猛发展，独立感、自由感、自信心、自尊心强。认知旺盛，有直观的形象思维，观察力概括力、想象力、记忆力不断增强，具有记忆好、求知欲强，思维敏锐，接受新事物快，富于想象；情感丰富且不稳定。

行为特征：旅游动机，观光娱乐为主，探险休学等为辅。青少年学生生活还没有独立，没有经济收入，旅游消费大都来自父母给的零花钱，所以不论是城市还是农村的学生，他们的旅游消费都相对低于成年人，以基本消费为主。

⑤客源地湘潭简介

湘潭，简称潭，湖南省辖地级市，因盛产湘莲而别称“莲城”，又称“潭城”。下辖湘潭县、韶山市、湘乡市、雨湖区、岳塘区五个县（市、区），湘潭伟人、巨匠灿若星辰——蜀汉名相蒋琬，晚清重臣曾国藩，文化名人齐白石，一代领袖毛泽东、开国元勋彭德怀、著名将领黄公略、开国大将陈赓、谭政等都诞生于此。

文化艺术：湘潭方言（湘语—新湘语—老湘语）与长沙方言接近，主要流行新湘语，其次为老湘语，新老湘语差异较大，无法沟通。其中，新湘语受官话冲击大，易懂，而老湘语保留了古楚语特点，难懂。湘潭许多地区是新老湘语的交融带，其中，湘乡话是老湘语的代表，湘乡话通行于古湘乡地区，包括今天的湘乡市，双峰县，娄星区以及涟源的一部分。

民俗文化：在中国正在发生的社会变迁的大环境下，城市里富有地方个性的传统自发性民俗渐趋少见，例如春节期间的舞龙舞狮表演，端午节期间在湘江举行的众多队伍参赛的并吸引大量观众的龙舟比赛等等。传统的湘潭花鼓戏、湘潭湘剧、皮影戏在电视电影的时代面临着生存的威胁。湘潭地区民间的传统音乐主要包括唢呐演奏和山歌。湘潭县青山桥的民间唢呐2006年被列入湖南省第一批省级非物质文化遗产，2008年被列入第一批国家级非物质文化遗产扩展项目，也是湘潭市唯一的入选项目。

名优特产：

槟榔作为一种食品，已在湘潭生根发展达四百余年的历史，据《湘潭市志》介绍：1650年（顺治六年）正月，清兵在湘潭屠城九天，县城人口数万，所剩户不上二三十，人不满百口。有一位姓程的安徽商人，得一老和尚嚼槟榔避疫之法收尸净域，从此嚼槟榔习惯也就陆续延续下来。1779年（乾隆四十四年）湘潭大疫，湘潭城内居民患臌胀病，县令白景将药用槟榔分患者嚼之，臌胀病消失，尔后原患者常嚼之，以致使未患者也随嚼之，久而成习。由此，湘潭槟榔逐步得到发展。槟榔作为湘潭地区市场中重要商品的地位，槟榔摊遍布大街小巷。历史上槟榔制作以家庭作坊加工，少量制作的生产方式为主，20世纪90年代后，开始出现以现代技术生产包装的大规模生产的槟榔企业，例如小龙王、宾之郎、胖哥、友文、皇爷等。机械包装制品渐渐胜过手工包装，占据市场主体，而且湘潭槟榔逐渐渗透到湖南省内其他地区乃至国内其他城市。

湘潭有“中国湘莲之乡”的美称，是历代皇室贡品，“寸三莲”驰名中外是莲中珍品。湘潭湘莲产量占全国的63.4%，且质量均为上乘，年成交额1.2亿元左右。湘潭县有4000多人从事着莲子的种植、加工、贩运。以花石镇为囤积地，该镇有一个颇具规模的湘莲市场。莲子的系列产品及深加工也在不断地发展。1992年中国国立商检局对湘莲测定认为，净莲肉含十八种人体不可缺少的微量元素、性平、味甘，具有降血压、健脾胃、安神固精、润肺、清心之效，莲芯性味苦寒，有强心镇静、清热平火、除烦利尿之功能。湘莲被誉为中国南方“人参”。

龙牌酱油是湘潭历史悠久、驰名中外的传统产品。自1915年在巴拿马国际博览会上，龙牌酱油与贵州茅台酒同时获得金奖，从而名扬四海。清乾隆年间，湘潭有吴源泰、吴恒泰两家制酱作坊，相互竞争，制酱工艺不断提高，逐渐形成一套独特的酿造工艺。龙牌酱油选用优质黄豆、面粉为主要原料。

灯芯糕是湘潭的传统副食特产。它不仅形似灯芯，洁白柔润，味道甜辣，清凉芳香，弯转成圈而不断，而且可以用火点燃，散发纯净的玉桂香味。湘潭制作灯芯糕，已经有400多年的历史了。140多年前，在清代咸丰年间全国名特产品博览会上，湘潭灯芯糕被评为一等特产；民国四年（1915年）巴拿马国际商品赛会上，受到各国代表的称赞；1988年5月，又被评为湖南省“名糕点”。湘潭、湘乡、韶山都有熏制腊菜的习惯，制法一般是冬至后取鲜肉切成条块，用盐腌渍两三天，晾干，以糠壳、瘪谷、木屑、花生壳等烟火熏烤。因以农历十二月（腊月）熏制得最好，故称冬腊肉，味香可口，且不像鲜肉油腻，许多人都喜欢吃，深受消费者欢迎。

风景名胜：湘潭旅游景区基本上形成了三大板块，以韶山为代表，以彭德怀纪念馆为主要组成部分的红色旅游；以湖南水府旅游区为代表，以湘潭农博园和昭山风景名胜区为重要组成部分的绿色山水旅游；以齐白石为代表的历史文化旅游。三大板块构筑了湘潭旅游的大框架，特别是红色旅游。

4）学习工作页

学习工作页从课前、课中及课后三个方面为学生设计了相应的学习引导内容，具体内容详见《附录1：张家界天门山景区导游讲解服务学习工作页》。

（2）溶洞景区学习任务一体化教学设计

1）学习任务描述

中国是世界上对岩溶地貌现象记述和研究最早的国家，岩溶地貌分布广泛，类型众多，为世界罕见。这些曾令历代文人墨客赞叹不已的山石、洞穴、峡谷、水体，在现代的光影妙乐中或伟立或摇曳，更加让人目眩神摇，如临仙境。我国岩溶岩洞旅游资源丰富且珍贵，它们脆弱的生态环境，需要每一位造访者呵护、珍惜这大自然的瑰宝。

临近清明节，红太阳旅行社将组织郴州地区商务型旅行团赴张家界黄龙洞景区进行游玩。现需地陪或景区讲解员完成本次黄龙洞景点的导游讲解工作。

地陪导游（景区讲解员）从旅行社或者游客服务中心领取旅游接待任务单（如表 4.10 所示），明确工作时间和要求；根据相关要求做好物质、知识和心理等方面的准备工作；结合自身经验和任务要求进行接待团队的特征和需求分析；有针对性地利用互联网查阅景区资料并撰写个性化导游词；带领团队参观游览并提供合理的导游讲解服务，提供游客景区安全注意事项；征询游客对讲解服务的意见和建议，进行工作总结；相关资料反馈给上级领导，学习参考使用学时 8 课时。

2）学习目标与学习内容

学习目标：能有效阅读旅游接待计划表，与计调、全陪、游客进行沟通，明确接待要求；能依据旅游接待要求做好讲解接待前的物质、心理、形象、知识及计划五方面的准备工作；能客观正确地分析商务型旅行团队的需求特征；能巧妙运用互联网等渠道搜集提炼积累黄龙洞景区资料；能运用岩溶岩洞旅游景观的引导和讲解方法技巧，有效使用有声和无声语言，提供热情、流畅、正确的景区景点导游讲解服务；能在讲解接待中正确处理好导与游的关系，树立以游客为中心的服务意识；能征询游客反馈意见，及时自我总结反思。

学习内容：学习理论知识点包括旅游接待计划表的信息读取及思维导图的绘制；讲解接待前物质、心理、形象、知识及计划准备的具体内容和注意事项；商务型旅行团队的需求特征；导游词的结构及撰写的方法；客源地郴州的相关知识；导游讲解的方法及有声和无声语言的要求；黄龙洞景区的引导技巧和景区景点知识；黄龙洞景区的管理规定及安全注意事项；欢送词的结构及内容。学习技能点包括旅游接待计划表信息的读取、提炼和整理，与计调等工作人员进行信息沟通；

景区景点导游讲解所需的物品、形象、心理及知识的准备；结合商务型游客特征合理分析游客需求；善用互联网等渠道搜集黄龙洞景区素材，依据商务型游客需求提炼黄龙洞景区知识；符合商务型游客需求特征导游词的撰写；客源地郴州政治、经济、文化等知识的搜集准备；运用岩溶岩洞旅游景观的引导和讲解方法技巧，有效使用有声和无声语言，提供热情、流畅、正确的景区景点导游讲解服务；讲解接待中正确处理好导与游的关系，征询游客反馈意见，及时自我总结反思。

学习通用能力包括自主学习、沟通表达、搜集提炼、归纳整理及自我管理。

表 3.10 张家界黄龙洞景点讲解服务游客接待计划书

<table>
<tr><th colspan="7">红太阳旅行社 接待计划书</th></tr>
<tr><td>组团社</td><td colspan="2">红太阳旅行社</td><td>团号</td><td>GLOTS–0205B</td><td>客源地</td><td>郴州</td></tr>
<tr><td rowspan="3">旅游团构成</td><td colspan="2">人数：30 人</td><td colspan="2">组团社计调</td><td colspan="2">王勇</td></tr>
<tr><td>男：18 人</td><td>30—50 岁</td><td colspan="2">全 陪</td><td colspan="2">李丽 158****3323</td></tr>
<tr><td>女：12 人</td><td>25—40 岁</td><td colspan="2">领 队</td><td colspan="2">无</td></tr>
<tr><td rowspan="2">抵离时间</td><td colspan="6">2023 年 3 月 20 日（郴州—张家界）乘大巴车赴张家界，抵达时间：10 时 30 分</td></tr>
<tr><td colspan="6">2023 年 3 月 21 日（张家界—郴州）乘大巴车回郴州，开车时间：14 时 00 分</td></tr>
<tr><td rowspan="3">行程安排</td><td colspan="4">活 动 内 容</td><td>入住饭店</td><td>用餐情况</td></tr>
<tr><td colspan="4">D1：游览龙舞厅、响水河、天柱街、天仙瀑、龙宫等景区景点</td><td>张家界国际大酒店</td><td>中餐、晚餐：含</td></tr>
<tr><td colspan="4">D2：参观世界上唯一的生态音乐剧场——黄龙音乐厅；打卡黄龙洞网红“茅斯”</td><td>——</td><td>早餐、中餐：含</td></tr>
<tr><td>备注</td><td colspan="6">1. 此团为郴州建设集团商务考察团队
2. 团餐安排：0 早 2 正。餐标：中、晚餐：40 元 / 人</td></tr>
<tr><td>地接社</td><td colspan="3">张家界国际旅行社</td><td colspan="2">团队等级</td><td>商务团</td></tr>
<tr><td>计调</td><td colspan="2">温键 电话：86721432</td><td>地陪</td><td colspan="3">张辉 电话：138****6819</td></tr>
<tr><td>汽车</td><td colspan="2">湘旅汽车有限公司（38 座金龙）</td><td>司机</td><td colspan="3">李君 电话：138****5678</td></tr>
</table>

3）学习信息页

①黄龙洞景区简介

黄龙洞位于湖南省张家界市核心景区武陵源风景名胜区内，是世界自然遗产、世界地质公园武陵源的有机组成部分，属典型的喀斯特岩溶地貌，以其庞大的立体结构洞穴空间、丰富的溶洞景观、水陆兼备的游览观光线路独步天下，被列为国际旅游洞穴会员、全国 35 个王牌景点之一、中国首批 AAAA 级旅游景区、中国旅游首批知名品牌、中国驰名商标、湖南省最佳旅游景区、张家界旅游精品线之一，享有“世界溶洞奇观”“世界溶洞全能冠军”之美誉，2005 年被评选为“中国最美旅游溶洞”。景区由“世界溶洞奇观”黄龙洞、最美的田园风光生态广场及新民族音乐秀《烟雨张家界》三个部分构成。

黄龙洞于1984年正式对外开放，现已探明的洞底总面积达10万平方米，全长7.5公里，垂直高度140米，上下共分四层。其规模之大、钟乳石之多、形状之奇，在国内外溶洞中极为罕见，被中外溶洞专家赞誉为世界溶洞的“全能冠军”。

位于黄龙洞外山谷中的生态广场于2008年竣工并投入使用，总投资超过2亿元，面积达11.92万平方米，包括黄龙音乐厅、田园牧歌、文化长廊、水车风韵、美鲵家园等十大景观区，曾于2008年获得国家“环境艺术奖”，被赞誉为全国旅游景区广场的建设典范。

黄龙音乐厅的驻演节目《烟雨张家界》是中国首台少数民族原生态文化与前卫表达跨界融合的创意新民族音乐秀，在2019年10月1日一经推出就获得央视音乐频道的隆重推介，赢得了业界内外的广泛关注和好评。

通过多年的建设发展，目前的黄龙洞已经成长为一个品质高端、设施配套、功能齐全、服务一流、特色鲜明的国际游览景区，在世界范围内享有很高的知名度和美誉度，其游客接待量已连续多年位居全国同类景区的首位。

②黄龙洞景区游览景点

龙宫景区：龙宫是黄龙洞内最大、最古老的一个厅堂，它形成于20万年以前，平均高度40米，底面积14000平方米。龙宫也是黄龙洞内石笋最为发育的厅堂，整个大厅内有石笋、石柱1705余根，其中高度超过1米的有516根，其石笋的数量及分布密度在全国已开放的溶洞中都是比较罕见的。特色景观“定海神针”“龙王宝座”“万年雪松”被称为龙宫三大奇观，其中的“定海神针”是黄龙洞景区的标志性景点。1992年，世界自然遗产委员会的高级顾问桑塞尔来到龙宫时，曾发出了这样的感叹：“这是我所见到的溶洞石笋最集中、神态最逼真的地方……黄龙洞不愧为世界溶洞奇观，实在太奇太妙了。”

定海神针景点：龙宫第一大奇观定海神针是黄龙洞内最高的一根石笋，也是黄龙洞景区的标志性景点。它高达19.2米，形成于20万年以前，其特点是两端粗中间细，生长在斜坡上，异常壮观神奇，堪称“镇洞之宝”。1998年，定海神针被投保一亿元人民币，开创了世界为资源性资产投保之先河。

龙王宝座景点：龙王宝座是龙宫的第二大奇观，也是黄龙洞内最粗壮的一根石笋，位于龙宫入口左侧山坡上。它高12米，底部直径10米，中部有一个巨大的空洞，据说一次可容纳15个成年人。

雪松景点：雪松是龙宫的第三大奇观，也是黄龙洞内生长速度最快的一根石笋，它通体雪白，高达 17 米，巍然耸立在龙宫大厅西端的斜坡上，“大雪压青松，青松挺且直”就是它的真实写照。“雪松”的科学名称叫棕榈状石笋，是洞顶滴水及其产生的飞溅水共同作用的结果，一般只有在空间较为高大的厅堂才能看到。根据其根部的棕榈片取样分析，“雪松”挺立在这里已经有 9.6 万年的时间了，因此也叫它“万岁松”。

响水河：响水河是黄龙洞内三条地下阴河中的一条，位于第二层。它全长 2800 米，平均水深 6 米，最深处有 12 米，目前乘船游览其中的一段为 800 米，时间约 8 分钟左右。响水河平均水温常年在 16 摄氏度左右，盛产国家二级保护动物娃娃鱼和通体透明的“玻璃鱼”。荡舟响水河，沿途充满神秘诱惑的风景，如龙王金盔、海螺吹天等景点都值得您慢慢欣赏和品味。空谷幽邃，岸危穹高。忽仰忽倾，若明若暗，恍若回到混沌的远古时代。1992 年联合国世界自然遗产专家卢卡思考察响水河时，称赞道：“黄龙洞是我见到的最漂亮的溶洞，还有这么美的阴河，真是不可思议！”

天仙水瀑布：飞流直下三千尺，疑是银河落九天。天仙水位于黄龙洞天仙宫景区，是我国已开发的溶洞中流量最大、落差最高的一个悬空瀑布。它的落差高达 27.3 米，从洞顶石窟直泻而下，飞珠溅玉，气势磅礴，四季长流不竭。

黄龙音乐厅：黄龙音乐厅位于生态广场入口处，由黄龙洞投资股份有限公司按国际标准建设，建筑面积为 4970 平方米，总投资 1.6 亿元，座位 818 个。该音乐厅背靠植被茂盛的黄龙洞山体，面朝浩瀚的稻田，南邻潺潺东流的索溪水。整个建筑为框剪式结构，3250 平方米斜坡面屋顶全部为绿茵花草屋盖，是全球最大的绿化屋顶；其外墙由当地青石页岩构建成的音符弦线幕墙与自然融合一体，形如一本即将展开等待世人阅读的张家界文化宝典，又如镶嵌在张家界的一块翡翠，被誉为“世界环境最美音乐厅”。

田园牧歌景观区：居人共住武陵源，还从物外起田园。生态广场建设之初，黄龙洞景区将 30 亩建设用地复垦为农田，常年种植油菜、稻谷、瓜果、蔬菜等日常农作物，农夫，耕牛，牧童、水车，稻穗千层浪，花开遍地香，营造了一幅田园牧歌般的劳动耕作场景，令人恍入世外桃源。

③黄龙洞景区注意事项

进入溶洞一定要带好防寒衣服，溶洞内部常年恒温，温度 12℃左右。景区内部只有一家餐厅，价格较贵，建议自带干粮或者游玩之后出景区用餐。拍照最好戴上防水套，整个游览大部分时间都是在河上进行，一不留神手机就掉入河中不见踪影。穿行途中注意头顶的钟乳石，沿途很多钟乳石突出，容易划伤。游览途中穿好救生衣，不穿救生衣不让上船。

④商务型团队旅游行为特征

商旅型旅游者，即商旅人士，是因公务或者商务目的旅游的人。他们的社会特征有：以中青年为主，高学历、高消费、高决策力，以管理人员居多；具备一定的话语权，思维活跃，乐于接受新鲜事物，具备一定的社会责任感；品牌意识强，消费需求相对旺盛，但能理性消费；生活节奏快，态度积极，追求高生活质量；工作性质需要往返多地，工作压力较大，但有上升空间。

⑤客源地郴州简介

郴州位于华中地区，湖南东南部，地处南岭山脉与罗霄山脉交错、长江水系与珠江水系分流的地带。东接江西赣州，南邻广东韶关，西接湖南永州，北连湖南衡阳、株洲，素称湖南的“南大门”；全市总面积 19387 平方千米。郴州地处亚热带气候带中，地势自东南向西北方向倾斜。郴州历史文化底蕴深厚，出现了李思聪等文化名人，也是邓中夏、黄克诚、曾中生的故乡，还是湘南起义所在地；同时，拥有丰富多彩的历史文化遗迹和东江湖、苏仙岭、万华岩、莽山国家森林公园等名胜风光。郴州是湖南首批历史文化名城，也是中华民族农耕文化的发祥地之一，炎帝神农氏发现“嘉谷”、教民耕种、开创中国原始农耕文化的神奇地方。耒水、耒山，都因神农及其后裔在此制作耒耜而得名。

民族文化：郴州市是一个多民族地区，在全国 56 个民族中，郴州辖区内有 27 个民族，民俗资源丰富，地域特色鲜明，既有美丽动人的传说，古老质朴的民间戏曲，又有巧夺天工的民间工艺，如傩戏傩舞、安仁赶分社、瑶族盘王节、伴嫁哭嫁歌、香火龙、元宵花灯及遍布农村各地的赶圩场等，其中以汝城香火龙、嘉禾伴嫁歌、瑶族盘王节、宜章夜故事和安仁赶分社最具代表性。已经被列入中国国家级非物质文化遗产保护名录的汝城香火龙，起源于庆贺丰收、祈福祛灾的图腾信仰，特定于每年春节的正月至元宵节期间夜晚隆重举行，已有一千三百多年的历史，集中表达了人民追求风调雨顺、国泰民安、祛邪消灾的美好愿望，蕴含了尊敬祖先，追求进步，是一种独具特色的民间综合艺术活动。

戏曲文化：郴州传统文化艺术厚重，仍广为流传的戏剧有：昆剧、祁剧、京剧、越剧、花鼓戏、花灯戏、皮影戏及杂技等，其中尤以昆剧最负盛名。昆剧（又名昆曲）已有600多年的历史，是中国优秀的民族文化遗产，被称为“百戏之祖，百戏之师”，与古希腊悲剧和印度的梵剧并称为世界三大古老戏剧，是世界首批“人类口头和非物质遗产代表作”，在世界艺术之林中具有极高的声誉。全国六大昆剧院团中郴州占有一席的湖南省昆剧团，成立于1964年，是中国文化部确立为全国专业昆剧保护院团之一，在充分吸收郴州地方戏曲、语言和民情风俗的基础上，其创作、演出的《雾失楼台》《荆钗记》《彩楼记》等昆曲被列为经典剧目，剧团曾经出访英国、爱沙尼亚、新加坡等国家演出，受到国外观众的高度评价。

风景名胜：郴州市旅游接待设施完善，五星级酒店2家，四星级酒店5家，三星级以上酒店30家。天之道足浴城、女排训练基地健身馆等康体休闲会馆、高档歌舞厅遍布市城区各大主要街道。郴州市古称林邑，意为林中之城，全市森林覆盖率70%。“一山、一湖、一泉”是郴州山水风光的精髓。郁水丹霞位于距离安仁县永乐江镇军山片区的郁水村与渡口乡之间。稻田公园位于湖南省安仁县永乐江镇东南部，是集生态农业、科普教育、观光旅游、休闲娱乐于一体的“农业公园”。由中国科学院院士——“杂交水稻之父”袁隆平先生为稻田公园题写了园名。东江湖风景区是国家5A级旅游景区，位于湖南省东南部郴州地区的资兴市境内，紧靠京广铁路和107国道，距市中心38千米，交通极为便利。东江湖风景旅游区是以山水交融的东江湖为主体，以东江急流险滩、兜率灵岩神境、龙景峡谷奇景、岛屿群落景观为特色，供旅游观光、休闲度假、康体疗养的湖岛型旅游区，总面积200平方千米。莽山位于湖南省宜章县境内，南岭山脉北麓，总面积2万公顷，东、西、南与广东省乳源、连州、阳山相邻。莽山地形复杂，山峰尖削，沟壑纵横，境内1000米以上的山峰就有150多座。最高峰猛坑石海拔1902米，称“天南第一峰”。蜿蜒山间的长乐河是珠江的发源地之一。郴州石林位于郴州市北湖区芙蓉乡与临武县、宜章县的结合部，离郴州市约80千米左右。面积目测有几平方千米，超过云南路南石林。郴州石林的千百座石柱石峰由大理岩、花岗岩构成，高十多米至几十米不等，造型千姿百态。九龙江国家森林公园位于湖南省郴州市汝城县东南部，湘、粤、赣三省交界处，属郴州市汝城县人民政府直属副处级事业单位（挂汝城县大坪国有林场牌子）。公园南邻世界自然遗产丹霞山景区，西毗国家4A级旅游景区莽山公园，北接国家5A级旅游景区东江湖、革命摇篮井冈山和中华始祖炎帝陵，素有“鸡鸣三省，水注三江”之美誉，内有景点82处。

4）学习工作页

学习工作页从课前、课中及课后三个方面为学生设计了相应的学习引导内容，具体内容详见《附录 2：张家界黄龙洞景区导游讲解服务学习工作页》。

（3）红色景区学习任务一体化教学设计

1）学习任务描述

红色旅游是把红色人文景观与绿色自然景观结合起来，把革命传统教育与旅游产业发展结合起来的一种新型主题旅游形式。红色旅游内涵丰富，它不是一个简单的旅游产品，更是一项政治工程、文化工程、经济工程。

韶山某中学开展“让高中思政在更高更远的不断探索中提升”的教育革新活动，旨在让学生在实践体验中成长，为实施爱国教育、劳动精神、勤于学习、奋发图强等励志教育提供更好的平台。红太阳旅行社承担本次来自韶山某中学的高中生（高二）研学旅行团赴宁乡花明楼进行研学教育体验，现需地陪或景区讲解员为他们完成宁乡花明楼景区的导游讲解工作。

地陪导游（景区讲解员）从旅行社或者游客服务中心领取旅游接待任务单（如表 4.11 所示），明确工作时间和要求；根据相关要求做好物质、知识和心理等方面的准备工作；结合自身经验和任务要求进行接待团队的特征和需求分析；有针对性地利用互联网查阅景区资料并撰写个性化导游词；带领团队参观游览并提供合理的导游讲解服务，提供游客景区安全注意事项；征询游客对讲解服务的意见和建议，进行工作总结；相关资料反馈给上级领导，学习参考使用学时 8 课时。

2）学习目标与学习内容

学习目标：能有效阅读旅游接待计划表，与计调、全陪、游客进行沟通，明确接待要求；能依据旅游接待要求做好讲解接待前的物质、心理、形象、知识及计划五方面的准备工作；能客观正确地分析高中生研学旅行团队的需求特征；能巧妙运用互联网等渠道搜集提炼积累花明楼景区资料；能运用红色旅游景观的引导和讲解方法技巧，有效使用有声和无声语言，提供热情、流畅、正确的景区景点导游讲解服务；能在讲解接待中正确处理好导与游的关系，树立以游客为中心的服务意识；能征询游客反馈意见，及时自我总结反思。

学习内容：学习理论知识点包括旅游接待计划表的信息读取及思维导图的绘制；讲解接待前物质、心理、形象、知识及计划准备的具体内容和注意事项；高中生研学旅行团队的需求特征；导游词的结构及撰写的方法；客源地韶山的相关知识；导游讲解的方法及有声和无声语言的要求；花明楼景区的引导技巧和景区景点知识；花明楼景区的管理规定及安全注意事项；欢送词的结构及内容。学习技能点包括旅游接待计划表信息的读取、提炼和整理，与计调等工作人员进行信息沟通；景区景点导游讲解所需的物品、形象、心理及知识的准备；结合高中生研学游客特征合理分析游客需求；善用互联网等渠道搜集花明楼景区素材，依据高中生研学游客需求提炼花明楼景区知识；符合高中生研学型游客需求特征导游词的撰写；客源地韶山政治、经济、文化等知识的搜集准备；运用红色旅游景观的引导和讲解方法技巧，有效使用有声和无声语言，提供热情、流畅、正确的景区景点导游讲解服务；讲解接待中正确处理好导与游的关系，征询游客反馈意见，及时自我总结反思。学习通用能力知识点包括自主学习、沟通表达、搜集提炼、归纳整理及自我管理。

表 3.11　宁乡花明楼景区讲解服务游客接待计划书

<table>
<tr><th colspan="9">红太阳旅行社　　接待计划书</th></tr>
<tr><td>组团社</td><td colspan="2">红太阳旅行社</td><td colspan="2">团号</td><td colspan="2">GLOTS-0205B</td><td>客源地</td><td>韶山</td></tr>
<tr><td rowspan="3">旅游团构成</td><td colspan="2">人数：20 人</td><td colspan="4">组团社计调</td><td colspan="2">王勇</td></tr>
<tr><td>男：14 人</td><td rowspan="2">16—17 岁</td><td colspan="4">全陪</td><td colspan="2">李丽　158****3323</td></tr>
<tr><td>女：6 人</td><td colspan="4">领队</td><td colspan="2">无</td></tr>
<tr><td rowspan="2">抵离时间</td><td colspan="8">2023 年 4 月 17 日（韶山—宁乡）乘大巴车赴宁乡，抵达时间：9 时 30 分</td></tr>
<tr><td colspan="8">2023 年 4 月 17 日（宁乡—韶山）乘大巴车回韶山，开车时间：5 时 00 分</td></tr>
<tr><td rowspan="2">行程安排</td><td colspan="4">活动内容</td><td colspan="2">入住饭店</td><td colspan="2">用餐情况</td></tr>
<tr><td colspan="4">D1：参观励志求学陈列馆、刘少奇同志故居、刘少奇同志纪念馆、铜像广场等景点</td><td colspan="2">——</td><td colspan="2">中餐：含</td></tr>
<tr><td>备注</td><td colspan="8">1. 此团为韶山某中学高中生研学旅行团
2. 团餐安排：　0 早 1 正。餐标：中餐：50 元 / 人</td></tr>
<tr><td>地接社</td><td colspan="5">宁乡县太阳旅行社</td><td colspan="2">团队等级</td><td>研学团</td></tr>
<tr><td>计调</td><td colspan="3">温键　电话：86721432</td><td colspan="2">地陪</td><td colspan="3">张辉　电话：138****6819</td></tr>
<tr><td>汽车</td><td colspan="3">湘旅汽车有限公司（30 座金龙）</td><td colspan="2">司机</td><td colspan="3">李君　电话：138****5678</td></tr>
</table>

3）学习信息页

①宁乡花明楼景区简介

花明楼旅游区：国家AAAAA级旅游景区，全国重点文物保护单位，全国爱国主义教育基地。

花明楼位于湖南省宁乡市东南部，是革命伟人、已故前国家主席刘少奇同志的故居。花明楼镇境内双狮岭重峦叠翠，清泉奔涌，幽谷灌区水渠与靳江河交错而过，低吟浅唱，像两条银链镶嵌其间。宋代诗人陆游的“山重水复疑无路，柳暗花明又一村”更是脍炙人口。如今，楼与人已成为历史，而“花明楼”三字成了这片肥美土地的名字。尤其是一代伟人刘少奇诞生于此，更使得花明楼之名响遍大江南北。

花明楼景区共占地460000多平方米，包括少奇同志故居、纪念馆、铜像广场、文物馆、花明楼和修养亭几个组成部分，是全国首批爱国主义教育示范基地，现已经成为湖南省最重要的革命纪念地和旅游观光区之一。

花明楼是一个美丽的江南小镇，位于宁乡市境东南，靳江河畔，东北与长沙市岳麓区接壤，东南与道林镇交界，西南与大屯营镇、湘潭市、湘乡市相邻，东距省会长沙30公里，南距韶山毛泽东故里37公里，西距宁乡市区30公里。据旧县志记载：“昔有齐公，择此筑楼，课其二子攻读其中”，取唐诗宋词之意境，而取名“花明楼”。

花明楼是一处低山环绕的地方，自然风光较为平常，但因这里是刘少奇同志的故居，故知名度较高，尤其是粉碎“四人帮”以后，刘少奇同志的冤案得以昭雪，江泽民总书记等众多国家领导人前来参加瞻仰，使花明楼的知名度节节上升，现已成为著名的旅游景点。交通也因加快发展变得很便利。

刘少奇故里处于“长沙—张家界”自然风光之旅、“长沙—花明楼—韶山”名人故里游这两条黄金旅游热线的中枢联结点，是全国的伟人故里“金三角”的重要组成部分。占地面积47万余平方米，建筑面积2万平方米，主要包括刘少奇故居、纪念馆、铜像广场、文物馆、花明楼、修养亭、刘少奇坐过的飞机、万德鼎、九龙柱、一叶湖、刘家祖坟等景点。

花明楼属于中亚热带大陆性季风气候，四季分明，年平均气温16.8摄氏度，平均相对湿度81%，适宜春秋两季出游。

②宁乡花明楼游览景点

刘少奇故居：刘少奇故居位于花明楼镇炭子冲村。坐东朝西，前临水塘，后倚青山，土墙小青瓦、土结构的四合院农舍，大大小小有二十余间。1959 年，湖南省人民委员会公布刘少奇旧居为省级重点文物保护单位。刘少奇同志故居是一栋土木结构的普通江南四合院，占地面积 1300 多平方米，建筑面积 460 平方米，共有房屋 21 间半，其中瓦房 16 间半，茅屋 5 间。故居于 1959 年由湖南省人民政府公布为省级重点文物保护单位并对外开放，1988 年由国务院公布为全国重点文物保护单位（第三批）。“文化大革命”期间，故居遭受了严重破坏，所藏文物展品几乎散失殆尽。1980 年 2 月刘少奇同志平反后，我们根据“保护为主，抢救第一”的文物工作方针和“整旧如旧”的原则，对故居进行了全面修缮和复原，基本上恢复了 1961 年刘少奇同志回乡调查在此居住时的情形，并于 1980 年 3 月 5 日重新对外开放，故居共陈列展品 200 多件，生动地再现了湖南农家的风貌和刘少奇同志在这里学习活动的部分场景。

1988 年，被国务院公布为全国重点文物保护单位。刘少奇在叔伯兄弟中排行第九，人称“九满”。“九满”从小就热爱劳动，怜贫恤寡，酷爱学习，有“刘九书柜”的雅号。1913 年，少奇考入玉潭高等小学校。1915 年 5 月，当他听到袁世凯接受日本帝国主义提出丧权辱国的二十一条不平等条约时，义愤填膺，毅然将名字改“渭璜”改为“卫黄”，表示誓死捍卫炎黄尊严，振兴中华民族，并率领同学们罢课游行。1917 年春，考入湖南讲武堂学习军事。1921 年春赴苏俄。1922 年从莫斯科回国；同年 9 月，到安源煤矿同李立三等领导安源路矿工人大罢工。这位少年就心怀大志、一心报效祖国且刚正不阿的“刘九书柜”从此走上了风云际会的革命征程。

刘少奇纪念馆：刘少奇同志纪念馆是全国唯一一座系统、完整地介绍刘少奇同志生平业绩的传记性专馆。开馆于 1988 年 11 月 24 日，占地面积 2700 多平方米，采取江南园林式建筑风格，纪念馆正门上悬挂的“刘少奇同志纪念馆”匾额，由邓小平同志于 1987 年题写。

在 2018 年刘少奇同志诞辰 120 周年之际，我馆将陈列馆主体进行提质改造、修缮，对刘少奇同志生平业绩陈列展览进行重新布展。新陈列的主题是“共和国主席刘少奇”，以生平为主线，采用生平加专题相结合的形式，反映刘少奇同志光辉而伟大的一生，展现他的光辉思想和丰功伟绩。

展览共分九个部分，第一部分 走上革命道路，第二部分 工人运动的著名领袖，

第三部分 党的正确路线在白区工作中的代表，第四部分 华北、华中抗日根据地的主要创建者，第五部分 在党中央领导岗位上，第六部分 参与创立新中国的政治经济制度，第七部分 探索适合中国国情的建设道路，第八部分 党内公认的党建理论家，第九部分 人民爱戴的共和国主席。展线 497 米，展出图片 400 余张，展示文物实物 94 件，文物复制件 182 件，汉白玉主题雕塑 2 尊，油画 8 幅，艺术雕塑 14 尊，多媒体场景 9 个。

刘少奇铜像：刘少奇同志铜像是 1988 年少奇同志诞辰 90 周年时落成的，由时任国家主席杨尚昆同志亲自揭幕。广场占地面积 8000 多平方米（包括踏步）。两边山头青松傲立、杂树生花，石级中央一条苍翠的匍地龙笔直前伸，广场视野开阔，四周山头连绵起伏，幽远深邃。广场正前方，整齐的小松柏簇拥着一个庄严肃穆的平台，平台中央，少奇同志铜像威严地矗立着。铜像由中华全国总工会捐建，著名雕塑大师刘开渠和他的高徒程允贤精心制作。铜像加底座共高 7.1 米（像高 3.0 米，座高 4.1 米），这个数字包含着两层含义：第一，“七一”是党的生日，少奇同志一生致力于党的建设，为党和人民的事业付出了毕生的精力，是我们党的卓越领导人。第二，少奇同志享年 71 岁。铜像座西北朝东南，面部神情似微笑，似沉思，满怀沧桑地遥望远方；拿着烟头的手自然摆放；飘逸的风衣将衬托得更加伟岸。再现了作为党和国家主要领导人的少奇同志风尘仆仆、日理万机的光辉形象，使人油然而生一种敬意和亲切感。

炭子冲学校旧址：炭子冲学校始建于清光绪十四年（1888)，原为朱家祠堂，内设私塾，供族中子弟读书。1906 年，刘少奇在此启蒙学习，并取学名“渭璜”。建筑坐北朝南，占地面积 1200 平方米，四合院建筑风格，共有房屋 17 间，青砖结构，小青瓦硬山顶。中华人民共和国成立后，朱家祠堂改名为炭子冲学校，作为教学场所使用。2011 年由湖南省人民政府公布为湖南省文物保护单位。

花明楼：花明楼取意于“山重水复疑无路，柳暗花明又一村”这一名句。楼高 33.02 米，共五层，占地面积近 5000 平方米，建筑面积 2000 余平方米，平面采取集中式布局，逐层上收，“花明楼”匾额由已故全国政协副主席赵朴初先生亲笔题写。楼内分别陈列了宁乡十景、宁乡出土的青铜器，湖湘文化名人及青年刘少奇的雕塑，向游人展示宁乡风光秀丽、物华天宝的自然环境和人杰地灵的文化氛围。

刘少奇工运历程专题馆：刘少奇工运历程专题馆展览共分为六个部分，以刘少奇同志领导中国工人运动和工会工作的历程为脉络，通过近 200 幅珍贵历史图片、100 余件（套）文物、资料，采用雕塑、图表、艺术装置等多种形式，展现刘少奇同志作为我国工人运动和工会事业的开拓者、奠基者、创新者、理论集大成者，中国工人运动杰出领袖的卓著功勋和伟人风采。

刘少奇文物保护中心：刘少奇文物保护中心是按北京中南海福禄居原比例复原的三进四合院式建筑，装饰恢复清代时期的风格。1963 年至 1967 年间，时任国家主席刘少奇根据中共中央的安排在此办公，主持繁忙的中央日常工作和重要国务活动，为建设富强的社会主义国家呕心沥血，作出了卓著功勋。刘少奇在此办公期间，建筑较为陈旧，且年久失修，装饰也极为简单朴素。刘少奇文物保护中心还增设了文物库房、《论共产党员的修养》书法碑刻长廊等功能区，集陈列展示、文物保护、研究宣传于一体，总建筑面积 4216 平方米。

③宁乡花明楼景区注意事项

请您关注“花明楼景区”微信公众号后进行参观预约。一人一码，在入口闸机处扫码入园，无需换纸质门票。

参观时间：9：00—17：00（16：30 停止入园），周一生平陈列馆、工运专题馆、文保中心闭馆，其余景点正常开放。

车辆请停放在景区停车场指定位置。

景区内有电瓶车乘坐，价格为 15 元 / 位。

咨询电话：0731—87094027；求助电话：0731—87096110。

景区将根据客流状况实行客流控制措施，请您耐心等候；如身体不适，请立即与工作人员联系；遇各类突发情况，须服从工作人员指挥。

不服从工作人员安排，强行闯关，扰乱参观秩序者，将交由公安机关依法处理。

参观宁乡花明楼景区严禁携带一切包裹、液体和其他违禁物品。

④高中生研学旅行团队旅游行为特征

研学旅行：研究性学习和旅行体验相结合，学生集体参加的有组织、有计划、有目的的校外参观体验实践活动。

行为特征：以教育学习为目的，渴望知识，通过情境体验实现励志拓展，团队共同学习成长，注重安全教育。

注意事项：主导学习教育，加强安全教育；语言生动活泼，注重互动交流；讲解内涵丰富，表现形式多样；紧扣典型事例，吸引学生关注。

⑤客源地韶山简介

韶山简介：韶山风景名胜区，以著名的伟人足迹、红色历史，充满神秘色彩的自然景观闻名全国，更因孕育一代伟人毛泽东而蜚声中外。景区总面积为115.3平方公里，区内群山起伏，连绵不绝，主要景点有韶峰、云门寺、关圣殿、滴水洞、雨湖公园、彭德怀故居、齐白石故居、毛泽东故居、诗词碑林、毛泽东纪念馆、岱子山、黑石寨等。

地理位置：韶山处于湘潭市市区以西。北、东与宁乡县麻山乡、朱石桥乡、三仙坳乡毗连；东南与湘潭县良湖乡、楠竹山镇接界，南与湘乡市龙洞乡、白田镇、金石镇接壤，西与湘乡市白田、金石镇相邻。

地形地貌：韶山属于湘中低山丘陵区，总的地貌轮廓是以韶峰山脉和韶河、石狮江两水为骨架，构成西部隆起，往东及东南倾斜的地势，山、丘、岗、平原齐备。

水文：韶山河流属于湘江水系，均经涟水入湘江。全市5公里以上的小河有9条，全长103公里，其中以发源于韶山山脉的韶河最大。

气候条件：韶山地处亚热带湿润气候区，四季分明，冬冷夏热，夏热期长，严寒期短。年平均气温16.7℃，年极端最高气温为39.5℃，年日照达1717小时，年平均日照百分率为39%，分布趋势与气温变化基本一致。

景区文化：《韶乐》是一部歌颂、宣传舜帝九功之仁德，集诗、乐、舞为一体的尽善尽美的乐舞，使用的乐器有甬钟、四虎缚钟、歌纽钟、歌缚钟等。从夏朝韶乐至清代，中和韶乐失传；《韶乐》经历了4000多年的延绵史，神秘、奇妙，是“华夏第一乐章”。湖南是舜帝南巡的主要区域，其主要路线是围绕湘江流域进行的，并留下了很多动人故事和美丽传说。韶山是舜帝南巡的主要地区，其中名字也是因舜在此奏《韶乐》化解一场恶战而得名。毛泽东的文化观，批判地继承了中国传统文化的精华，以马克思主义哲学为指导，把马克思主义普遍原理与中国革命和建设的实际相结合，形成马克思主义中国化的社会主义意识形态，指导和推动着中国特色社会主义总体文化的发展。

风景名胜包括毛泽东故居、毛泽东铜像广场、滴水洞景点、毛泽东纪念馆景点等景点。

毛泽东故居：毛泽东同志故居，原称上屋场、中国人民伟大领袖毛主席旧居，位于湖南省湘潭市韶山市韶山乡韶山村；整体坐南朝北，属土木结构“凹”字型典型建筑，总占地面积 566.39 平方米，总建筑面积 472.92 平方米。毛泽东同志故居共有大小房屋 20 间，东侧为毛家宅院，共 14 间；西侧为邻居宅院共 5 间；厅屋两家共用，现门额为邓小平同志手迹。毛泽东于此诞生并度过了童年和少年时代，是进行爱国主义教育的宝贵资源。1961 年 3 月 4 日，毛泽东同志故居被中华人民共和国国务院公布为第一批全国重点文物保护单位。1997 年 7 月，毛泽东同志故居被中宣部批准为第一批全国爱国主义教育基地。毛泽东同志故居为南方农宅形式，坐南朝北偏东，土木结构，泥砖墙、青瓦顶，一明二次二梢间，左右辅以厢房，进深二间，后有天井、杂屋，共 20 间；总占地面积 566.39 平方米，总建筑面积 472.92 平方米。右厢房第一间为餐厅；右厢房第二间为毛泽东父母卧室；右厢房第三间为毛泽东少年时代的卧室兼书房。故居四周还有毛泽东少年时代读书的私塾、游泳的池塘等多处遗址。

毛泽东铜像广场：毛泽东铜像广场位于湖南省湘潭市韶山市，坐落在毛泽东纪念馆和毛氏宗祠前的开阔地带。周围青松翠竹掩映，群山拱护。铜像身躯高大，体态稳健，面带微笑而又沉思，成功地塑造了领袖在开国大典时的伟人风采。铜像基座上，镌刻着江泽民题写的“毛泽东同志”5 个贴金大字。毛泽东铜像是按主席在开国大典上的形象设计的，坐西南、朝东北，主席身躯伟岸，手执发言稿，身着中山装，双目炯炯，微露笑容，神采奕奕。铜像高 6 米、重 3.7 吨，红花岗石基座高 4.1 米，全高 10.1 米。 据介绍，毛泽东广场作为人民群众表达对毛主席崇敬、追思、纪念的主要场所，其纪念性大于休闲性，因此突出了庄严、肃穆的纪念氛围。分为瞻仰、参观、纪念和休闲等四个层次和区域。1993 年 12 月 6 日，铜像由南京起运。当运送铜像的大卡车行至江西境内时，天色将晚，车突然“有灵性”地抛了锚，怎么也发动不起来，也检查不出毛病在哪儿，只得停下来过一夜！江西人则安慰他们说：“主席最早是在这里拿起枪杆子闹革命开辟红色根据地的，他老人家要在这儿住上一晚，好好看看！”第二天一早，这车不用修就启动了！当铜像运抵韶山时，近百万家乡人民举行了隆重的迎接仪式。据说，铜像由运输车卸下那一刻，10 吨的吊车竟然起吊不了这尊铜像，任凭操作人员如何起动都无济于事。后来，经人指点，是连结方式不对，一定要从基座起吊才行。果然，如此这般之后，才顺利卸下来。这天，山冲里还出现了奇异的自然景象——上午十时，天上出现日、月同辉的奇景；山上的杜鹃花也在这冬季就开了！

滴水洞景点：滴水洞，位于湖南省韶山市毛泽东铜像以西约四公里处的峡谷中，是国家5A级旅游景区。1966年6月，毛泽东南下视察到韶山，在一号楼住了11天。他于这年7月8日在武汉写信称此处为“西方的一个山洞”。1970年，由欧阳海英雄连队在别墅后修建了长100米的防空洞。洞的一侧有防震室、指挥室等军事设施。洞的两端各有厚度近尺，重达几吨的装有自动控制的粗重铁门。即使洞外施放原子弹，也无损洞内指挥系统和洞里人员的安全。“西方山洞”保密管理极严，曾一度十分神秘，知道它的人极少。1986年秋，经湖南省委、省政府批准对外开放。滴水洞景区的三大核心部分：以一号楼为中心的别墅系列；西面以毛泽东祖坟，虎雕、虎亭、滴水清音为主的虎歇坪景观系列；东面以毛泽东曾祖父母坟、龙泉三叠、奔龙泉池、观音远眺为主的龙头山景观系列。滴水洞景观集造化之神秀，萃人文之盛事，因而蜚声海内外，吸引游人如织，江泽民、胡锦涛等党和国家领导人曾欣然前往浏览。这颗被人们喻为湖南“山水明珠”的“西方山洞”开放20年来，先后接待国内外游客1500多万人次。著名党史专家冯文彬这样赞誉滴水洞风光：“三湘灵秀地，洞中别有天。”

毛泽东纪念馆景点：纪念馆大门牌匾刻着邓小平手书金色大字：“韶山毛泽东同志纪念馆”。纪念馆始建于1964年，对外开放部分包括旧址群、生平展区和专题展区，生平展区于2013年即毛泽东同志诞辰120周年之际完成改造，正式对外开放。序厅毛泽东汉白玉座像（雕塑）是著名雕塑家刘林创作的，表现了毛泽东在中共八大前后作为政治家、思想家和人民领袖的光辉形象。雕塑背景《东方红》油画由著名画家李如创作，表达的是毛泽东的光辉业绩与山河同在，与日月同辉的主题。顶部的天花云石五星灯寓意着大救星和群星向太阳。左右两侧前墙镌刻有毛泽东手书《七律・到韶山》和《七律・长征》诗词两首。大厅两边的照片，左边是毛泽东1959年回韶山时与韶山学校师生的合影，右边是1959年毛泽东在接见亚非拉各国青年朋友时的合影，这是两张被人们称作能听得见笑声的照片。

毛氏宗祠：毛氏宗祠位于韶山乡韶山村十八罗汉山麓，坐东南朝西北。

清乾隆六年（1741）毛尔达、毛彝生等人开始倡修宗祠，清乾隆二十年（1755）七月购得毛介人的土地，清乾隆二十三年（1758）开始动工兴建，清乾隆二十八年（1763）建成。该祠为砖木结构，青砖青瓦，建筑面积668.8平方米。它建成时距毛氏迁韶有370多年了，它是韶山毛氏的总祠。宗祠大门门额有“毛氏宗祠”四字。大门外两边各立一石鼓。两侧对联为“注经世业，捧檄家声”。毛泽东少年时，有个叫毛承文的农民，敢于与地主豪绅对抗，地主与族长勾结，诬毛承文“破坏族规”，将他押进祠堂，准备毒打。毛泽东闻知，非常愤慨，与穷苦农民一道冲进祠堂和族长说理，迫使族长释放了毛承文。

4）学习工作页

学习工作页从课前、课中及课后三个方面为学生设计了相应的学习引导内容，具体内容详见《附录 3：宁乡花明楼景区导游讲解服务学习工作页》。

第三节 工学一体化课程教学实践优秀案例设计

一、学习任务背景

（一）任务背景

为深入学习贯彻习近平生态文明思想，积极推动美丽中国建设，生态环境部组织开展美丽河湖优秀案例征集活动，来自国家“绿水青山就是金山银山”实践创新基地——东江湖作为代表案例进行公示。作为用“秀水”拓展全域旅游，用“净水”培育生态农业的旅游示范基地，成为当地乡村振兴的“绿色引擎”，成为各地旅游规划建设的学习典范。

东江湖生态治理经验在全省范围内推广学习，引来众多相关政府官员实地考察学习。为实现共享理念，东江湖风景名胜区欲通过线上和线下两条途径积极分享景区环境治理和乡村振兴旅游经验，需要专业技能突出的景区讲解员承担此项工作。

湘潭技师学院旅游服务与管理专业积极响应企业真实工作任务需求，结合课程开展专项技能学习，树立学生旅游生态环境保护意识，强化提高景区讲解专业技能，实现立德树人和技能育人齐头并进。

（二）任务典型性分析

1. 真实性（真实任务需求，促进工学结合）

2021 年，东江湖代表湖南省在生态环境部举办的美丽河湖优秀案例征集活动中在全国范围内进行展示，其成功的生态治理举措受到很多相关政府领导的关注。因此，东江湖风景区也将组建景区讲解团队共享其环境治理经验。

本学习任务源于景区真实工作任务，是旅行社、旅游景区等企业均需要掌握的工作技能。

2. 独立性（学习活动独立，学习成果开放）

湖泊景区讲解在课程学习活动中相对独立，和其他学习活动不交叉。

3. 完整性（学习要素齐全，工作过程完整）

本次工作任务自身就是一个完整的工作过程，从领取工作任务到工作总结，工作要素齐全，工作过程完整，对接景区实际需求。

4. 关键性（工作技能关键，代表技术主流）

湖泊景区是我省旅游资源的重要组成部分，湖泊景区讲解是湖南省导游人员须具备的关键技能，也是导游资格证考试必考技能之一。

5. 广泛性（技术迁移性强，适用范围广泛）

湖泊景区的讲解技能可应用于景区直播、旅游产品推介、景区讲解等众多领域。

6. 全面性（职业素养全面，德技齐头并进）

本工作任务能够在完整的工作任务过程中让学生获得专业知识、强化职业技能、养成良好的职业素养，任务过程管理实施“6S”现场管理法，能够更好地实现德智体美劳全面发展。

7. 突出性（团队协作合作，劳动意识突出）

工作任务实施全过程贯穿着动手劳动和团队协作能力培养，学习活动劳动强度接近未来工作劳动强度，突出劳动意识培养。

（三）任务实施价值

1. 学习价值

本工作任务具有延展性，湖泊景区讲解工作过程及要素可辐射到其他景观的讲解，政务型旅行团的讲解技巧也可变通到其他团型的服务，可实现学习能力迁移。

2. 应用价值

湖泊景区讲解对实操技能要求高，须具备一定的职业素养，应用性强，工作过程与企业岗位需求相契合。此工作任务技能也是我省导游资格证面试必考技能，学习活动有效实现校企融通、课证融通、课岗融通。

3. 育人价值

工作任务实施中，坚持“立德树人”根本任务，贯彻“综合育人”理念。通过任务驱动，增强学生自主学习意识和劳动实践能力；设置工作接待团型，培养学生以游客为中心的服务意识；小组合作，提高学生的团队协作能力；开展全过程和多方位工作评价，增强学生的服务质量意识；讲解东江湖美景及先进的生态环境治理经验，提高学生的审美能力、讲解能力和环境保护意识。整个过程充分体现立德树人、以学生为主体、以能力为本位的育人价值。

4. 社会价值

一是主动分享东江湖生态治理经验；二是引导学生总结东江湖在生态环境治理方面的具体举措，宣传“绿水青山就是金山银山”的实践创新行动；三是践行景区讲解员社会服务价值，弘扬良好生态环境意识，做绿色生态环境保护的传播使者。

5. 德育价值

借助讲解载体实现家国情怀内化，激发社会主义核心价值观的人与自然文明、和谐共生的价值理念。

二、学习任务目标

（一）学情分析

1. 学习对象

本工作任务学习者为 2020 级中技旅游服务与管理班，其中男生占比 19%，女生占比 81%，学习时间为该班级第二学年第二学期。

已学课程有：《导游业务》《中国旅游地理》《导游基础知识》等课程。

（2）学生特征

利用问卷星平台对学生的专业基础、兴趣爱好及学历基础进行调查分析，并根据学期分析结果，制定相对应的教学策略，学生特征详情如表 3.12 所示。

表 3.12　学生特征分析表

学生特征	爱表现：85% 以上学生性格外向，表现欲较强 爱职业：从事导游和景区讲解工作意向较强想考证：过半学生想要考取导游资格证书
采取策略	课证对接、课岗对接、创设工作情境
学习基础	知流程：知道景区讲解工作流程 有基础：有山岳景区等讲解工作基础 会分析：会进行研学团等团队需求分析 明差异：学生之间存在学习差异 欠规范：景区讲解工作规范需要不断提升
采取策略	小组合作、强弱搭配、任务强化、明确标准
学习兴趣	乐参与：对景点讲解学习兴趣高 喜网络：喜欢视频、App 等网络学习资源 欠持续：学习任务容易出现拖延
采取策略	网络资源、小组领学、组间挑战、积分管理
学习习惯	爱实践：喜欢体验真实工作任务 厌理论：不喜欢纯理论式的教学 愿探索：乐于接受探索性的自主学习任务 爱挑剔：喜欢对他人学习表现进行评价
采取策略	任务驱动、理实一体、多元评价、翻转课堂
学习能力	易接受：学生的记忆力和接受能力强 善自学：善于利用网络资源进行自主探究 好分析：喜欢分析不同景区的特色 欠迁移：类似知识的迁徙能力有待提升
采取策略	自主探究、角色扮演、能力本位、立德树人

（二）学习总目标

从专业人才培养目标出发，依据课程方案，结合学情分析，基于立德树人和培养学生综合职业能力素养的要求，制定了明确的、可操作、可测评及可迁移的学习目标。

知识目标：掌握湖泊景区的欣赏、引导和讲解技巧；熟悉东江湖景区旅游生

续表

态环境的治理举措。

技能目标：能够根据工作流程完成团队需求分析、景区资料搜集和导游词撰写；能够运用讲解技巧进行模拟景区讲解。

素养目标：培养学生以游客为中心的服务意识，增强劳动实践意识；践行旅游生态环境保护理念，人与自然和谐发展，弘扬乡村振兴旅游。

（三）学习目标分解

为有效达成学习总目标，根据工作任务实施过程，分别制订课前、课中和课后学习目标。

1. 课前目标

（1）每个学生独立完成教师在云班课发布的导游大赛优秀讲解视频；

（2）小组自主学习并绘制湖泊景区的欣赏、引导和讲解技巧理论体系思维 2) 导图

（3）完成政务型团队需求分析和东江湖景区及环境治理举措资料的收集

2. 课中目标

（1）明确工作任务要求，制定工作实施计划，汇制任务流程图，并做好分工等工作决策，确定团队需求特点、撰写个性化导游词等工作任务；

（2）在教师指导下，结合行业规范化、标准化要求，完成景区讲解及评价总结工作；

（3）在学习活动中，培养学生以游客为中心的服务意识，将和谐、创新的职业精神投入工作任劳全过程，加强乡村振兴旅游的环保理念。

3. 课后目标

（1）结合点评与总结继续完善景区讲解作品，培养学生崇尚劳动和精益求精的工匠精神；

（2）将作品上传至抖音平台，完成工作任务的社会化评价。

三、学习任务内容

（一）工作情境创设

1. 微任务工作描述

2021 年，东江湖代表湖南省在生态环境部举办的美丽河湖优秀案例征集活动中在全国范围内进行展示，其成功的生态治理举措受到很多相关政府领导的关注。为实现共享理念，东江湖风景名胜区欲通过线上和线下两条途径积极分享景区环境治理和乡村振兴旅游经验，需要专业技能突出的景区讲解员承担此项工作。你作为景区讲解员，接到此项任务后，请按照行业标准和服务规范完成针对政务型旅游者的东江湖景区讲解工作。

2. 工作任务的流程

东江湖景区讲解工作的流程包括接收工作任务、获取资讯明确要求、制定工作计划、做出工作决策、实施工作任务（获取理论知识、分析游客需求、搜集景区资料、撰写导游词、模拟景区讲解）、检查控制工作、评价反馈工作。

3. 工作要求与标准

（1）工作过程中严格遵守《旅游景区讲解服务规范》有关要求，具体体现在：仪容仪表得体、了解游客需求、讲解内容真实准确、讲解方法恰当、处理好导与游的关系。

（2）严格按照接待团队需求搜集讲解内容资料，针对性撰写导游词。

（3）在工作实施中，结合讲解视频完成东江湖景区现场讲解工作。

（4）工作实施中，提醒注意景区安全问题，维护游客和自身的人身财产安全，适时与游客良性互动，做文明旅行的倡议者，爱护景区设施设备。

（5）工作过程中遵守工作场所的 6S（整理、整顿、清扫、清洁、素养、安全）管理相关规定。

（二）学习内容分析

1. 工作要素分析

根据一体化课程实施规范，将从工作对象、工具设备、工作方法、劳动组织及工作要求等方面进行工作要素分析，如表 3.13 所示。

表 3.13 工作要素分析表

工作要素分析表	
工作对象	为政务型旅游团开展湖泊（东江湖）景区的讲解工作
工具设备与材料	笔记本电脑、麦克风、导游证、导游旗、参考资料库、学习工作页、笔、智能黑板《旅游景区讲解服务规范》、背景视频
工作方法	学习层面：自主探究法、角色扮演法、小组讨论法 技术层面：信息检索法、模拟讲解法 组织层面：情境演练法、挑战激励法
劳动组织	独立工作 + 小组合作 + 教师指导 + 企业导师指导
工作要求	工作过程中严格遵守《旅游景区讲解服务规范》有关要求；按照接待团队需求搜集讲解内容资料，针对性撰写导游词；结合讲解视频完成东江湖景区现场讲解工作；工作实施中遵守 6S 管理制度

2. 工作过程分析

依据学习内容与工作过程对接的原则，运用鱼骨图技术，将工作过程中的知识、技能、素养、成果进行分析，如图 3.3 所示。

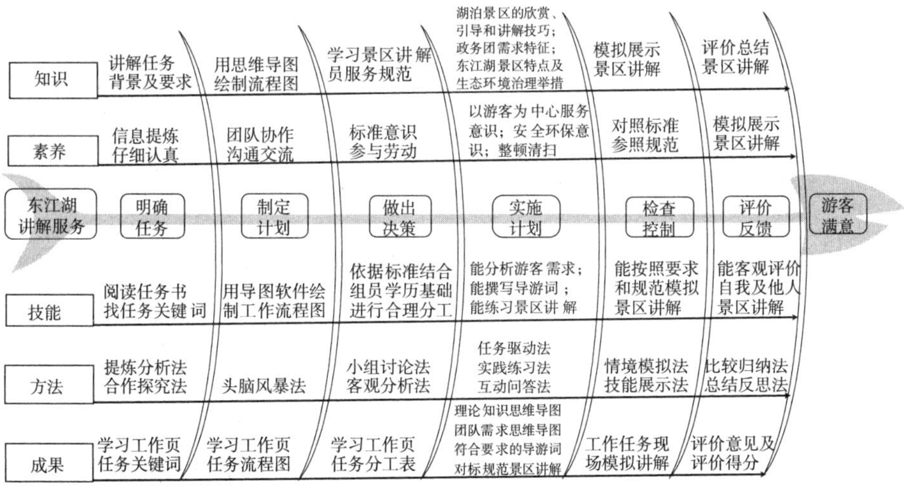

图 3.3 学习内容与工作过程对接关系图

3. 工作能力分析

通过本次工作任务实施，能够使得学生获得如下技术、方法和通用素质能力。

表 3.14　工作能力分析表

环节	技术能力	方法能力	通用素质能力
课前	①理解工作任务能力 ②游客需求分析能力 ③资料搜集提炼能力 ④绘制思维导图能力	①自主学习能力：能自觉学习老师推进资源，自主探究工作任务。 ②头脑风暴实施能力：小组群策群力，归纳提炼信息能力。	①沟通表达能力：能和小组成员、教师进行良好沟通。 ②劳动实施能力：只有团队集体付出劳动，学习任务才能高质高效完成。
课中	①语言表达能力：汇报工作流程及准备工作情况； ②制定计划、讨论决策的能力； ③撰写导游词能力：将搜集资料进行提炼，结合团队需求，撰写导游词；	①信息处理能力：能够在互联网海量的信息资源中提炼出符合需求的素材。 ②换位思考能力：在角色扮演过程中进行讲解员和游客换位体验思考，从游客角度领悟讲解诉求。	①倾听接纳能力：能听取小组成员、教师和同学的点评意见。 ②生态保护意识：资料提炼和讲解实践中增强自我环保意识。
课中	④景区讲解能力：运用角色扮演法进行景区讲解演练； ⑤对标实践能力：结合《旅游景区讲解服务规范》进行对标练习和总结评价。	③标准应用能力：能够理解岗位服务规范，并融入工作学习过程。	③服务质量能力：能够对工作实施高要求，满足游客所需，处理好导与游的关系。
课后	触类旁通能力：能够将所学知识应用到其他技能学习，实现知识迁移。	精雕细琢能力：课后结合点评意见反复练习，打磨出更精彩的讲解作品。	精益求精思想：根据评析建议不断完善讲解作品。

（三）学习重难点分析

依据《景区讲解服务》课程方案及景区讲解员岗位职业素养需求，结合本次工作任务的学习目标、学习内容及学情分析，学习重点和难点如下表。

表 3.15 学习重难点分析表

学习重点	重点内容	根据团队需求特征、合理搜集资料进行湖泊景区的讲解。
	确定依据	景区讲解工作是导游员、景区讲解员等旅游行业从业人员必备的核心技能，是导游资格证考试必备的技能考点。 以游客为中心的服务意识是每位景区讲解员应具备的。
	突破方法	课前探究重点： 学——自主探究学习优秀景区讲解案例视频； 习——预习湖泊景区的欣赏、引导和讲解技巧； 引——采用问题导向模式引导学生思考政务团需求特点及做好资料搜集准备。 课中突破重点： 学——教师组织学生反复学习湖泊景区的引导和讲解技巧。 定——根据学习工作页小组合作制定湖泊景区讲解的工作任务计划，绘制流程图。 备——根据工作流程做好充分的讲解准备，即分析游客需求、查阅提炼资料、撰写针对性导游词。 练——组内进行反复的模拟练习，教师巡回指导。 战——组间挑战激发学生提高工作任务质量。 课后强化重点： 优——根据课中评价意见继续优化景区讲解，并上传至抖音平台开展社会评价。
学习难点	难点内容	根据游客需求创作导游词；灵活运用讲解技巧实施景区讲解。
	确定依据	导游词和讲解技巧运用会直接影响到湖泊景区讲解的质量，影响游客的体验感，需要经验的长期积累。
	化解方法	角色扮演：学生进行游客和讲解员的身份互换，体验真实工作环节，形成换位思考和以游客为中心的服务意识。 个别指导：对于困难比较大的学生，教师进行个别指导。 积分挑战：结合课程积分挑战规则，激发领学小组高质量完成工作任务，捍卫示范引领地位。 案例视频：课程资源库里有大量的优秀讲解视频，学生可随时进行学习。

四、学习任务资源

（一）学习环境创设

学习现场环境：能确保工学结合的一体化教学教室、电脑、无线网络全覆盖，便于分组教学及信息化教学手段的实施。

职业物质准备：导游证、导游旗，增强真实职业情境的感受。

工作情境创设：东江湖景区元素布置、6S 现场管理规则。

（二）学习资源构建

为有效支撑学生“问题引导下的学习过程”，需要拥有启发式教学效果的学习素材和手段进行支撑。本次工作任务设置多元化的学习资源，包括云班课、微课、优秀讲解视频等数字化资源和学习工作页、服务规范、教材等非数字化学习资源，为学生开展混合式学习模式提供有力保障。

表 3.16 学习资源构建表

<table>
<tr><th>资源类别</th><th>资源名称</th><th>运用教学环节</th><th>设计意图</th><th>特色创新点</th></tr>
<tr><td rowspan="6">数字化学习资源</td><td>导游大赛讲解视频</td><td>课前自学课后拓展</td><td>学习行业内优秀的景区讲解经验，并运用到实践操作中。</td><td rowspan="4">线上资源助推混合式学习，对接行业标准与资讯，提供高效学习保障。</td></tr>
<tr><td>东江湖景区公众号</td><td>任务实施全过程</td><td>为学生提供搜集景区资料信息的权威渠道，引导自学。</td></tr>
<tr><td>湖南导服公众号</td><td>任务实施全过程</td><td>对接导游证考试标准，实现课证融通。</td></tr>
<tr><td>三毛游景点讲解 App</td><td>课前自学课后拓展</td><td>提高学习趣味性，加强对景区直观了解，提高工作任务完成效率和质量。</td></tr>
<tr><td>抖音 App</td><td>课后拓展</td><td>体验线上导游工作情境，发布作品开展社会评价，提高职业认同感和自信心。</td><td>真实工作情境体验。</td></tr>
<tr><td>蓝墨云班课、微信、问卷星</td><td>课前自学
课中内化
课后拓展</td><td>课前、课中、课后实现教师与学生线上线下的实时交流互动，传达学习任务，共享学习资料。</td><td rowspan="2">问题引导教学，平台助力交流。</td></tr>
<tr><td rowspan="5">非数字化资源</td><td>学习工作页</td><td>任务实施全过程</td><td>引导学生课前、课中、课后在问题导向下进行学习，培养学生自主学习能力。</td></tr>
<tr><td>旅游景区讲解服务规范</td><td>任务实施全过程</td><td>高标准规范学生操作，提高学生学习能力。</td><td rowspan="2">规范工作要求，对标检验控制。</td></tr>
<tr><td>讲解评分标准</td><td>课中内化</td><td>用评价引导、督促、指导学生学习，巩固知识，提升学习效率。</td></tr>
<tr><td>教材、智慧黑板</td><td>课前自学
课中内化</td><td>辅助教学，提升学生学习效果和课堂视觉体验。</td><td rowspan="2">为高效学习提供便利。</td></tr>
<tr><td>多媒体课件</td><td>课中内化</td><td>辅助教学。</td></tr>
</table>

续表

资源类别	资源名称	运用教学环节	设计意图	特色创新点
设备资源	电脑、导游证、导游旗等	课中内化	便于信息化教学手段的开展，提高教学效率，职业设备资源加强职业体验感。	增强工作情境。
人员资源	企业导师	课中内化	企业导师进行讲解点评，学习实战经验，对接企业标准。	校企融合。
场所资源	一体化教学实施教室	课中内化	方便学生分组教学的组织，便于课堂情景演练。	增强情境体验感，强化综合职业素养。
	6S 管理制度	课中内化	提醒学生时刻注意工作场所的现场管理，养成良好的职业习惯，讲卫生，爱护工作环境。	

五、任务教学实施

（一）教学策略

良好的教学实施需要制定合理的教学策略，根据学习者的特征分析，结合景区讲解服务一体化课程的学习特点，现制定如下教学策略来确保教学过程的有效实施。

教学模式策略：采用工学一体教学模式，结合做中学、学中做，并运用“线上 + 线下”混合式学习，提高学生的学习参与度。

教学方法策略：一是设定教学情境，利用角色扮演等方法激发学生参与教学活动；通过任务驱动的形式调动学生自主参与学习，实现以学生为主体的教学理念。

教学组织策略：以挑战促学习，以学习促挑战；组内合作沟通，组间互比互评；以领学促效果，提升质量意识。

学业评价策略：一是评价主体多元，包括学生、教师、企业导师共同参与；二是评价内容多维，包括职业素养、工作能力、学习水平等；三是评价方式多样，采用定性与定量、线上与线下相结合的评价方式；四是过程延续，学业评价贯穿整个工作任务实施全过程。

立德树人策略：工匠精神，精益求精；劳动意识，全员参与；沟通合作，协作交流；绿色理念悴蚌肮航生态文明。

（二）教学实施流程图

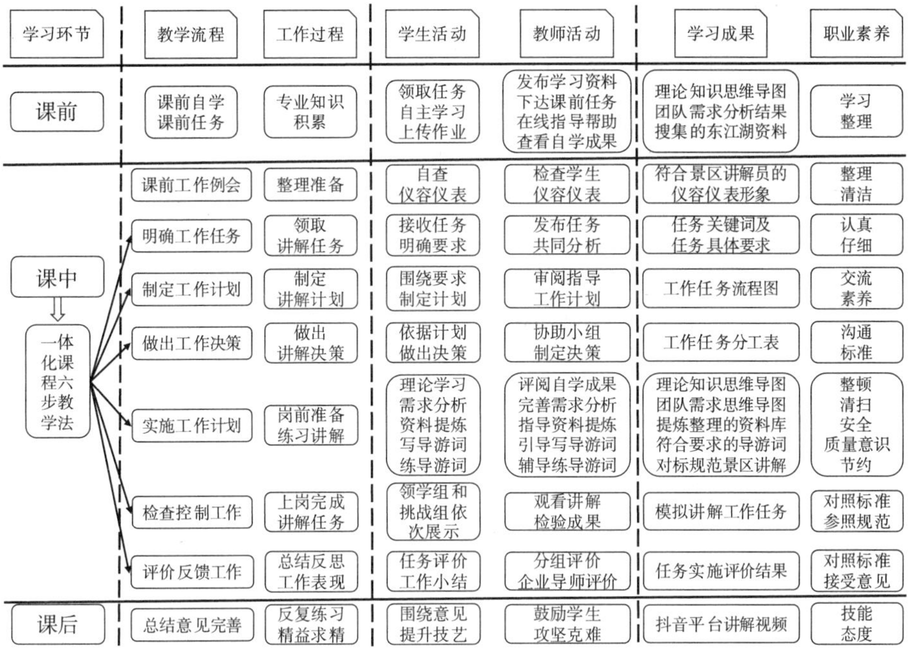

图 3.4　教学流程图

（三）教学实施过程

表 3.17　教学实施过程表

教学环节	学习内容	学生活动（主体）	教师活动（引导）	教学手段	教学方法 / 学习成果	设计意图
课前自学	1. 全国导游大赛优秀讲解视频； 2. 政务型旅游团队的需求特征；	1. 每位学生自学全国导游大赛优秀讲解视频； 2. 小组合作分析政务型旅游团队的需求特征；	1. 制作学习工作页并推送给学生； 2. 准备课堂教学资料及物质工具，推送学习资源包；	蓝墨云班课 导游讲解视频 班级微信群	教学方法： 协作学习法 自主探究法 任务驱动法	①“先学后教”，提高学习效率，便于发现学习问题并调整教学策略；

续表

课前自学	3. 东江湖景点资料及河湖生态环境保护先进经验； 4. 湖泊景区的欣赏、引导及讲解技巧。	3. 小组利用互联网查阅东江湖景点资料及河湖生态环境保护先进经验； 4. 自主探究湖泊景区的欣赏、引导及讲解技巧，并绘制出思维导图。	3. 利用微信群跟踪学生的课前任务完成情况； 4. 批阅学生课前学习成果，查找存在的问题，调整教学策略。	课前任务书 思维导图	学习成果： ①政务型需求特点思维导图； ②东江湖景区资料库； ③湖泊景区欣赏、引导和讲解技巧思维导图。	②明确具体学习问题，提高学生自主学习能力与习惯； ③数字化教学元素提高学生学习兴趣。 ④提高学生的生态环境保护理念。
课中导学						
教学环节	**学习内容**	**学生活动（主体）**	**教师活动（引导）**	**教学手段**	**教学方法 / 学习成果**	**设计意图**
课前例会 5min	仪容仪表整理：衣着得体，面带微笑，注意个人卫生等。	检查仪容仪表，完成礼仪操练习。	检查并督促学生整理仪容仪表	礼仪操视频 学习工作页	教学方法： 练习法 学习成果： 礼仪操展示	引导学生养成良好的职业素养
明确工作任务 10min	工作任务情境分析	接收任务，明确要求： ①小组接受工作任务； ②阅读工作任务，分析任务要求；		湖泊景区讲解学习工作页	教学方法： 任务驱动法 讨论法 学习成果： ①提炼任务关键词，明确工作要求 ②明确工作重点内容。	①让学生明确工作任务要求

续表

明确工作任务10min	工作任务情境分析	③提炼出任务中的关键词，进一步明确工作需求；④明确工作任务的学习目标和学习重难点。	发布并分析工作任务：①工作任务情境：东江湖代表湖南作为2021美丽河湖优秀案例展示，先需景区讲解员通过线上和线下渠道向政务型旅游团推广其先进经验，你作为景区讲解员，请按行业标准完成此次工作任务。②介绍企业导师。③关键词提炼：政务型团、东江湖景区、生态治理经验④强调学习目标及学习重点。			②培养学生良好的工作习惯，认真理清工作要求，沉着冷静，不浮躁。③企业导师进课堂，深化校企合作。

续表

教学环节	学习内容	学生活动（主体）	教师活动（引导）	教学手段	教学方法/学习成果	设计意图
制定工作计划 20min	依据工作任务要求制定工作完成计划	围绕要求制定计划：①小组内展开讨论，商讨工作任务完成步骤；②利用思维导图绘制工作任务流程图；③领学组上台展示工作计划流程，挑战组提出建议，群策群力确定工作计划流程。	审阅指导工作计划：①巡回指导学生制定工作计划；②解答学生提出的疑难问题；③听取领学组计划流程并组织学生讨论，达成最终工作任务流程图。	思维导图 湖泊景区讲解学习工作页	教学方法： 小组讨论法 头脑风暴法 学习成果： 工作任务流程图	①提高学生沟通交流能力；②依据工作要求寻找解决问题的途径。
教学环节	**学习内容**	**学生活动（主体）**	**教师活动（引导）**	**教学手段**	**教学方法/学习成果**	**设计意图**
做出工作决策 10min	审定工作计划，开展组内任务分工，制定良好的工作策略。	依据计划做出决策：①小组依据工作计划进行组内分工；②共同探讨工作任务过程中的关键点，并做出应对策略；③填写好学习工作页。	协助小组制定决策：①巡回指导学生制定工作决策；②解答学生提出的疑难问题。	湖泊景区的讲解学习工作页	教学方法： 小组讨论法 学习成果： 完成任务分工	①提高学生的团队合作能力，人人参与，树立劳动意识；②树立学生的标准意识，对标完成各项工作。

续表

						③组内根据学情进行任务难易分工，实现分层教学。
教学环节	**学习内容**	**学生活动（主体）**	**教师活动（引导）**	**教学手段**	**教学方法/学习成果**	**设计意图**
	树牢工作理论根基	展示课前学习成果1： ①领学组上台汇报课前思维导图：湖泊景区的欣赏、引导和讲解技巧； ②听取领学组展示汇报及教师评价； ③对领学组课前成果质量进行评价。	评阅课前学习成果1： ①认真听领学组讲解汇报思维导图； ②对领学组自学情况进行分析评价； ③组织师生对领学组进行评价。	现场讲解汇报 湖泊景区的讲解学习工作页	教学方法：现场教学法 学习成果：理论知识思维导图	①上台汇报锻炼学生胆量，提高语言表达能力； ②实现课前目标； ③通过评价思维导图检测学生的自我学习能力。
教学环节	**学习内容**	**学生活动（主体）**	**教师活动（引导）**	**教学手段**	**教学方法/学习成果**	**设计意图**
实施工作计划80min	分析政务团队需求	展示课前学习成果2： ①领学组上台汇报课前政务型团队特点及需求；	评阅课前学习成果2： ①认真听领学组讲解汇报思维导图； ②对领学组自学情况进行分析评价；	课程积分统计表 湖泊景区的讲解学习工作页 教学课件	教学方法： 小组讨论法 头脑风暴法 学习成果：团队需求思维导图	①树立学生以游客为中心的服务意识，为提高讲解效果做铺垫。

续表

		②其他组认真倾听并提出意见和见解； ③对领学组课前成果质量进行评价并发表自身见解。	③教师补充强调政务型考察旅游团队需求特征； ④组织师生对领学组进行评价。			②采用翻转课堂和线上线下混合式学习模式，学生课前自学，课中展示成果，教师补充强调，突破学习重点。
教学环节	**学习内容**	**学生活动（主体）**	**教师活动（引导）**	**教学手段**	**教学方法/学习成果**	**设计意图**
实施工作计划 80min	搜集提炼景区资料	回答问题并展示成果： ①回答教师提出的问题； ②领学组汇报课前资料搜集情况； ③其他组认真倾听并提出意见和见解； ④对领学组课前成果质量进行评价。	发现问题并引导解决： ①抛出问题：根据游客需求特征，我们需要重点准备哪些方面的景区讲解资料呢？怎么在互联网中进行搜索呢？ ②教师补充资料搜集渠道； ③组织师生对领学组进行评价。	学习工作页 现场讲解汇报 教学课件 教师示范	教学方法： 直观演示法 练习法 学习成果： 资料搜集渠道思维导图；参考资料库	①实现课前目标； ②提高学生的信息搜集能力； ③潜移默化地贯穿旅游景区生态环境保护理念，实现立德树人。

续表

教学环节	学习内容	学生活动（主体）	教师活动（引导）	教学手段	教学方法/学习成果	设计意图
实施工作计划 80min	撰写个性化导游词	大显身手撰写导游词： ①结合湖泊景区欣赏和引导技巧撰写导游词； ②根据任务要求和团队需求特点突出导游词的特色； ③领学组展示导游词； ④依据点评意见完善导游词。	巡回指导解决问题： ①同企业导师一起巡回指导学生撰写导游词，对发现的问题及时提出解决； ②及时解决学生提出的问题； ③组织师生对领学组导游词进行评价； ④教师通过示范提出完善调整建议。	湖泊景区的讲解学习工作页 课程积分统计表	教学方法： 头脑风暴法 任务驱动法 学习成果： 符合政务团队需求的导游词	①学生边实践边指导，实现做中学，学中做，做中教，在行动中化解学习难点； ②通过服务规范学习培养学生的职业标准意识。 ③在学习行动中进行保护环境、构建人与自然和谐发展的通用素质教育。
教学环节	**学习内容**	**学生活动（主体）**	**教师活动（引导）**	**教学手段**	**教学方法/学习成果**	**设计意图**
实施工作计划 80min	开展岗前讲解训练	对照标准勤学苦练： ①对接《旅游景区讲解服务规范》相关要求与标准；	发布标准严格要求： ①发布导游词讲解评分标准，强调导游证考试现场口试的评分要点；	情景模拟 实践练习 纠错辅导	教学方法： 角色扮演法 实践练习法 学习成果： 现场情景模拟讲解	①对照标准进行练习，引导学生学以致用，精益求精；

续表

实施工作计划 80min	开展岗前讲解训练	②熟悉导游讲解评分表，对接导游证现场考试评分标准；③每位同学先个人练习讲解，熟悉导游词，注意讲解技巧的运用；④进行职业角色情景模拟，导游和游客的角色互换练习，切身体验导游和游客的心理感受。	②和企业导师一起巡回辅导；③及时指出学生练习中存在的问题并纠正；④引导学生练习过程中追求精益求精；⑤解答学习疑问。			②角色互换练习让学生走进导游和游客的心理，培养以游客为中心的职业意识；③组内练习所有人都参加实践讲解，相互学习，共同成长。
教学环节	**学习内容**	**学生活动（主体）**	**教师活动（引导）**	**教学手段**	**教学方法/学习成果**	**设计意图**
检查控制工作 35min	领学小组讲解展示	引领示范施展风采：①领学组上台展示工作任务，进行情景模拟讲解。②挑战组认真学习同学讲解。	观看讲解检验成果：①认真观看学生的讲解展示；②总结讲解的优点与不足。	情景模拟 工作技能实践操作 工作技能领学展示 工作技能挑战比拼 课程积分统计表	教学方法：实践练习法 学习成果：工作任务模拟讲解	①通过实践讲解行动，突破重点，化解难点；②领学组和挑战组的设置营造你超我赶的学习氛围；

续表

检查控制工作35min	挑战小组挑战讲解	技能挑战你追我赶： ①挑战组上台展示工作任务，进行情景模拟讲解。 ②其他组认真学习同学讲解。				③实时更新积分让学生及时了解自身学习情况，增强团队意识。 ④实践中增强环境保护对旅游业发展的重要性。
教学环节	**学习内容**	**学生活动（主体）**	**教师活动（引导）**	**教学手段**	**教学方法/学习成果**	**设计意图**
评价反馈工作20min	评价反馈总结反思	取长补短强化技能： ①小组自评：组内成员对本次工作任务完成情况进行自我评价。 ②小组互评：先挑战组对领学组进行评价，然后组间相互评价。 ③各组完成工作页，并对本次任务进行工作总结。	组织评价激励成长： ①组织学生开展自评和互评，维持好课堂纪律； ②教师自己对每组表现进行点评和打分； ③组织企业导师对学生表现进行点评和打分； ④根据评价结果评选出本次课的“挑战达人”或“领学达人”。	景区讲解评分表 课程积分统计表 学习工作页	教学方法： 比较归纳法 学习成果： 小组工作任务表现及得分；评价表	①正确评价自己及他人，评分表量化打分巩固知识。 ②企业导师点评掌握企业标准，查找差距，为课后学习做铺垫。 ③培养学生乐于听取他人意见的习惯。 ④巩固本次的知识、技能及素养。

续表

教学环节	学习内容	学生活动（主体）	教师活动（引导）	教学手段	教学方法/学习成果	设计意图
课后拓展	结合意见继续完善	围绕意见提升技艺： ①根据课中点评意见小组再次完善本组的景区讲解工作，做到精益求精； ②拍摄好讲解视频上传至抖音平台开展社会评价。	鼓励学生攻坚克难： ①鼓励学生根据意见进行改进，养成精益求精的工匠精神； ②审阅评价学生在抖音平台发布的作品； ③根据点赞数量和浏览量评选出“人气达人”。	反复实践磨炼 抖音平台	教学方法：实践练习法 学习成果：抖音平台景区讲解作品	①激励学生努力奋斗，课后提升自我，做到精益求精。 ②体验自媒体时代旅游行业线上景区讲解新业态工作岗位。

六、任务学业评价

（一）评价设计思路

本次工作任务评价主要依据《旅游景区讲解服务规范》、导游资格证面试评分标准、《导游服务规范》及企业的相关标准参考制定，由过程性评价与结果性评价两部分组成，并与课程评价相结合，从多元角度对学生的工作任务学习情况进行质量监控。

1. 评价主体：学生自评、小组互评、教师评价、企业导师评价。

2. 评价工具：讲解评分表、思维导图评分表、课程积分统计表、学习工作页、腾讯在线文档。

3. 评价方式：口头评价 + 书面评价 + 评分评价，主观评价和客观评价相结合。

4. 评价维度：理论知识评价 + 工作任务实施评价。

5. 评价特色：一是评价标准与服务标准和导游资格证考试相呼应，二是任务实施全过程评价，每完成一项工作任务立即开展评价，三是综合职业素养评价与专业技能评价同步进行，四是以评价为载体激发学习兴趣，“挑战达人”“领学达人”“人气达人”评选营造竞争性学习氛围。

（二）评价实施方案

表 3.18 评价实施方案表

<table>
<tr><th>评价维度</th><th>评价内容</th><th>评价比重</th><th>评价形式</th><th>评价方式方法</th><th>评价环节</th><th>评价标准</th><th>评价功能</th></tr>
<tr><td rowspan="4">职业素养评价</td><td>仪容仪表</td><td rowspan="4">30%</td><td rowspan="13">腾讯文档在线评价＋课程积分统计表</td><td rowspan="13">评价方式：口头评价＋线上评价
评价方法：观察法、检查法</td><td rowspan="4">全过程评价</td><td rowspan="13">详见《学生综合能力评价表》、《景区讲解评分表》</td><td rowspan="4">促进学生合作意识、劳动意识、工匠精神培养。</td></tr>
<tr><td>语言表达</td></tr>
<tr><td>沟通合作</td></tr>
<tr><td>精益求精</td></tr>
<tr><td rowspan="5">工作能力评价</td><td>明晰任务要求能力</td><td rowspan="5">50%</td><td rowspan="5">课中评价</td><td rowspan="5">促进学生理解能力、分析能力、信息搜集能力、语言表达能力、景区讲解能力等总工作能力提升。</td></tr>
<tr><td>制定工作计划能力</td></tr>
<tr><td>合理部署决策能力</td></tr>
<tr><td>工作实践操作能力</td></tr>
<tr><td>评价总结反思能力</td></tr>
<tr><td rowspan="4">学习水平评价</td><td>学习态度</td><td rowspan="4">20%</td><td rowspan="4">全过程评价</td><td rowspan="4">促进学生养成良好的学习习惯，达成理想的学习效果。</td></tr>
<tr><td>学习能力</td></tr>
<tr><td>学习方法</td></tr>
<tr><td>学习目标</td></tr>
<tr><td colspan="8">领学组总分排名第一则评为“领学达人”；挑战组总分排名第一则评为“挑战达人”；课后抖音点赞和评论数量最多的则评为“人气达人”，评价标准和维度详见学习工作页。</td></tr>
</table>

七、教学实践反思

（一）教学效果（学生学习有收获，工作任务有成果）

1. 小组学习过程分析

课后参照《旅游景区服务规范》及企业岗位需求等方面，运用雷达图对各小组职业素养、工作能力及学习水平进行效果分析，一方面检验学生本次任务的学习效果，另一方面帮助学生发现问题，进而不断完善自我，努力达到景区讲解员的岗位要求。

职业素养方面：班级整体职业素养较好，至真组仪容仪表还要加强，在践行精益求精的精神方面还要继续努力，认真反复修改练习的至美组学习效果较好，个别同学语言表达能力还要多练习。

工作能力方面：从数据分析可看出，领学组在各方面表现出来的优势比较明显，达到了理想的教学效果。工作能力综合水平处于中上层次，至真组需不断加强学习能力提升，才能更快对接企业标准。

学习水平方面：领学组在学习态度各方面领先，责任意识较强。至诚组在学习方法上要改进，至真组要端正学习态度，至善组则要提高学习基础能力，争取与企业要求越来越接近。

2. 小组学习效果分析

从阶段性输出成果可以看出，在问题引导式的教学策略下，运用一体化六步教学法，学生工作流程清晰，工作步骤正确，所有组都能顺利完成本次工作任务，说明本学习任务有效达成知识目标，全面提升实践技能。根据终结性作品评价得分分析，经过做中学、学中练、练中教，湖泊景区讲解水平有效得到提升。

3. 学生学习成果展示

（1）夯实了湖泊景区讲解的理论基础知识

经过课前自学，课中优化，理论知识体系清晰明了，学生掌握较好。

（2）提升了旅游团队特征及需求分析能力

在课前分析的基础上，结合老师上课的补充提醒，学生的思维导图信息化能力水平有所进步，需求分析的内容及表达形式进步明显。

（3）加强了资料搜集提炼和导游词撰写能力

通过课前自学，课中教师补充示范，结合学生的实践，资料搜集的速度和准确率明显加强，并能在充分准备的基础上撰写符合要求的导游词。

（4）提高了现场景区讲解的综合职业能力

问题引导式教学帮助学生语言表达能力提升，组内个人练习和角色扮演练习有效提高了学生的整体讲解水平，领学组和挑战组设计更是增强了学生竞争意识，更加激励景区讲解能力提高。

4. 劳动参与意识增强

工作任务学习过程中，采用“6S”现场管理法，学生完成工作任务过程中能够较好地执行规章制度，保持工作环境整洁，通用能力素养得到提升。按部就班的工作实施中，运用任务驱动法促使学生全员参与，劳动意识得到加强。

（二）教学设计有亮点，教学活动有创新

1. 教学设计在教学模式、设计定位、教学实施等方面具有特色亮点。

（1）实施工学一体化教学模式

本教学设计采用线上线下混合式教学，将信息化教学融入课堂；实施翻转课堂形式，通过工学一体六步教学法实现做中学、学中练、练中教；教学实施过程中注重工作能力、学习能力、职业素养和通用素质能力培养，从而提高学生综合职业素养。

（2）课程设计对接地方产业经济需要

本课程教学模板充分对接我省旅游资源分布特点，学习载体的选取有效对接考证需求和行业需求，实现课证融通。教学设计对接新时代行业需求，学习目标对接线上导游职业素养要求。

（3）教学实施做实校企深度合作

企业导师进课堂，打破“讲座式”的合作方式，实现校企融通。学习任务源自企业真实工作任务需求，实现课岗融通。

2. 教学活动在教学理念、教学组织、教学育人及教学资源等方面具有特色创新点。

（1）领学组与挑战组设计激发学习积极性

通过领学组与挑战组形式的小组设计，为课堂学习营造竞争性学习氛围，该设计符合课程特征及中技层次学生学情。

（2）落实行动导向活动设计理念

教学方法突出以学生为主体，采用任务驱动、角色扮演、情境演练等教学方法，按照一体化教学六步法实施教学，能够有效调用学生参与课堂活动。

（3）活动设计坚持立德树人，德技并进

教学活动设计中在提高讲解技能同时进行课堂思政教育，增强学生生态环境保护意识。同时注重培养学生劳动精神，树立以游客为中心的职业意识，对照行业标准和规范提高学生综合职业能力。

（4）活动资源信息化水平凸显

采用无纸化办公，师生倡导生态环保理念；巧用思维导图，运用“互联网+教育”与时俱进。

（三）须待提升之处

1. 不足之处

（1）少数学生在工作任务实施过程中对服务规范不够重视，有点我行我素。

（2）个别学生比较腼腆，语言表达和沟通交流能力有待提升。

2. 改进措施

（1）教师和企业导师反复强调服务规范，激发学生高标准要求自我。

（2）为学生提供更多上台讲解的机会，鼓励学生多练习多实践，增强学习自信心。

八、学习任务工作页

《湖泊景区的讲解》

工
作
页

课程：________________

班级：________________

组别：☐领学组　☐挑战组

成员：________________

课时：________________

《湖泊景区的讲解》课前任务书

任务要求：

为提高课堂学习效率，确保完整工作任务情境能在一体化课堂实施过程中顺利完成，故老师设定具体学习问题及任务，请同学们在课前高质量完成。通过课前自学的方式，希望大家养成“自律、自信、自强”的良好生活习惯，并按要求完成老师布置的任务。

引导问题：

表 3.19　课前任务实施表

学习目标	（1）每个学生独立完成教师在蓝墨云班课发布的学习资料； （2）小组自主学习湖泊景区的欣赏、引导和讲解技巧，并绘制思维导图； （3）完成政务型团队需求分析和东江湖景区及环境治理举措资料的收集。
问题 1	请用前面所学的“研学团”需求分析思路，以组为单位完成“政务型旅行团”的团队特征及需求分析，制作成思维导图。
问题 2	预习湖泊景区的欣赏、引导及讲解技巧，完成思维导图制作。
欣赏角度	

续表

引导技巧	
讲解技巧	
问题 3	利用互联网搜集东江湖景点资料及河湖生态环境保护先进经验做法，形成备用的景区资料库。
问题 4	自学观看全国导游大赛优秀讲解视频，参赛选手的哪些方面值得你学习，请每人谈谈你的想法？
学生 1	
学生 2	
学生 3	
学生 4	

《湖泊景区的讲解》课中任务书

【学习目标】：

（1）明确工作任务要求，制定工作实施计划，绘制任务流程图，并做好分工等工作决策，确定团队需求特点、撰写个性化导游词等工作任务；

（2）在教师指导下，结合行业规范化、标准化要求，完成景区讲解及评价总结工作；

（3）在学习活动中，培养学生以游客为中心的服务意识，将和谐、创新的职业精神融入工作任务全过程，加强乡村振兴旅游的环保理念，并且遵守“6S”管理工作现场 。

【学习过程】：

1. 课前工作例会：检查仪容仪表。（5分钟）

表 3.20 仪容仪表检查表

组别	姓名	课堂考勤	仪容仪表			
			发型	妆容	服饰	卫生
至真组（挑战组1）	学生 1					
	学生 2					
	学生 3					
	学生 4					
至诚组（挑战组2）	学生 5					
	学生 6					
	学生 7					
	学生 8					
至善组（挑战组3）	学生 9					
	学生 10					
	学生 11					
	学生 12					
至美组（领学组）	学生 13					
	学生 14					
	学生 15					
	学生 16					
备注		考勤和仪容仪表合格的打√，不合格的打 ×。				

2. 工作任务实施：（工学一体六步教学法）

表 3.21　工作任务实施表

<table>
<tr><td colspan="4">步骤一：明确工作任务</td></tr>
<tr><td>任务背景</td><td colspan="3">东江湖代表湖南在美丽河湖优秀案例活动中进行展示，相关政务型旅游者对其充满兴趣。为实现共享理念，东江湖风景名胜区欲通过线上和线下两条途径积极分享景区环境治理和乡村振兴旅游经验，需要专业技能突出的景区讲解员承担此项工作。你作为景区讲解员，接到此项任务后，请按照行业标准和服务规范完成针对政务型旅游者的东江湖景区讲解工作。</td></tr>
<tr><td>讲解载体</td><td></td><td>讲解对象</td><td></td></tr>
<tr><td>本次任务内容有：</td><td colspan="3"></td></tr>
<tr><td>本次任务要求有：</td><td colspan="3"></td></tr>
<tr><td>任务中的关键词：</td><td colspan="3"></td></tr>
<tr><td colspan="4">步骤二：制定工作计划</td></tr>
<tr><td>利用思维导图绘制工作任务流程图</td><td colspan="3"></td></tr>
<tr><td>引导问题：工作注意事项</td><td colspan="3"></td></tr>
<tr><td colspan="4">步骤三：做出工作决策</td></tr>
<tr><td rowspan="2">引导问题：
审定计划</td><td>计划是否合理</td><td colspan="2"></td></tr>
<tr><td>计划是否符合企业实际</td><td colspan="2"></td></tr>
<tr><td rowspan="5">组内任务分工</td><td>姓名</td><td colspan="2">负责任务</td></tr>
<tr><td>学生 1</td><td colspan="2"></td></tr>
<tr><td>学生 2</td><td colspan="2"></td></tr>
<tr><td>学生 3</td><td colspan="2"></td></tr>
<tr><td>学生 4</td><td colspan="2"></td></tr>
<tr><td colspan="4">步骤四：实施工作计划</td></tr>
<tr><td>实施环节</td><td colspan="2">实施内容</td><td>实施阶段性成果</td></tr>
</table>

续表

环节一		
环节二		
环节三		
环节四		
环节五		
……		
步骤五：检查控制工作		
	领学组	班助拍摄讲解视频存档
	引导问题： 是否达成工作任务目标，满足游客需求？	
成果汇报 成果检验	挑战组 1	班助拍摄讲解视频存档
	引导问题： 是否达成工作任务目标，满足游客需求？	
成果汇报 成果检验	挑战组 2	班助拍摄讲解视频存档
	引导问题： 是否达成工作任务目标，满足游客需求？	
	挑战组 3	班助拍摄讲解视频存档
	引导问题： 是否达成工作任务目标，满足游客需求？	

步骤六：评价反馈工作

学习团队	记录维度	自评	互评	教师评价	企业导师评价
至美组 领学组	优点				
	缺点				
	改进建议				

续表

至美组 领学组	工作总结				
至真组 挑战组 1	优点				
	缺点				
	改进建议				
	工作总结				
至诚组 挑战组 2	优点				
	缺点				
	改进建议				
	工作总结				
至善组 挑战组 3	优点				
	缺点				
	改进建议				
	工作总结				
定量评价	工作能力评价（50%）		利用腾讯在线文档进行客观打分评价		
	学习水平评价（20%）				
	职业素养评价（30%）				
“达人”评选					

3. 技能评价标准

表 3.22　讲解评分表

项目	分类	评分标准及要求	分值	得分
形象 5 分	仪容仪表	衣着端庄整齐，与所讲景点内容协调，言行举止大方得体，符合导游人员礼仪礼貌规范。	5 分	

续表

项目	分类	评分标准及要求	分值	得分
语言技巧 25 分	口头语言	语音清晰，语速适中，节奏合理。	10 分	
	态势语言	站姿规范，表情生动丰富，手势及其他身体语言应用适当与适度。	5 分	
语言技巧 25 分	表达能力	语言准确、规范；表达流畅、有条理；具有生动性和趣味性。	10 分	
导游词 40 分	讲解内容	景点信息正确、准确，要点明确，无错误。	10 分	
	条理结构	要素齐全，条理清晰，详略得当，主题突出。	10 分	
	生态举措	景点介绍与环保举措搭配得当，融入自然，能体现物境、意境和情境。	10 分	
	导游词编写	导游词加工规范且有一定个性特色。	10 分	
综合技巧 30 分	讲解对象	讲解表达是否符合政务团特征，讲解通俗易懂，富有感染力。	20 分	
	讲解方法	方法运用恰当，讲解效果好。	10 分	
总分				

表 3.23 思维导图评价表

序号	评价标准	分值
1	整体布局合理，中心主题明确，主题文字突出。	20
2	目标明确，知识要点要素完整。	30
3	学习中关键词提取精准、合理。	20
4	内容充实、层级分明、逻辑合理。	10
5	表达流畅，自然大方，逻辑清晰。	20
总分		100

第四章 《景区讲解服务》课程教学改革总结反思

第一节 教学改革成效总结

工学一体化教学改革是当今技工院校教育教学改革的主要任务，旅游专业作为服务类专业，需要教师积极主动的加入改革行列中来。《景区讲解服务》作为我院旅游专业工学一体化教学改革的首个试点课程，经过近两年的教学探索，已经在 2020 级和 2021 级两个旅游班级实施，可以明显感受到教学改革的成效，与传统教学形式相比，教学成效较好。

在实施过程中，从阶段性输出成果可以看出，在问题引导式的教学策略下，运用一体化六步教学法，学生工作流程清晰，工作步骤正确，所有组都能顺利完成本次工作任务，说明学习任务有效达成知识目标，全面提升实践技能。根据终结性作品分析，经过做中学、学中练、练中教，景区讲解水平有效得到提升。除此之外，通过工学一体化教学模式的实施，对教师教学能力提升也具有良好地促进作用。接下来从学生、教师和学院三个层面对教学改革成效进行总结分析。

一、工学一体化课程教学改革促进学生技能成长

（一）学习成果成效显著

1. 夯实不同类型景区讲解的理论基础知识

理论根基是所有学习任务实施完成的基本前提。通过工学一体化教学模式的实施，教师在课前将督促学生完成理论知识的自学，并且运用思维导图、知识检测等形式确保理论知识自学质量，督促学生形成良好的预习习惯。课中，在任务实施过程中，理论知识学习是模拟工作任务环节中必不可少的部分，教师会根据学生课前对理论知识自学的基础上，对于掌握不够的地方进行讲解，对于工作过

程中重要的知识内容进行重点强调，再次加强学生对理论知识的学习。课后，学生在完成拓展任务的时候，对于自身掌握不牢固的知识点可再次进行巩固。经过这样的教学实施环节，在一个学期的学习成长中，使得学生能够对不同类型景区讲解的基本理论知识有系统地理解，并且能够横向和纵向对比不同类型景区讲解中的区别和联系，理论知识体系清晰明了，学生掌握较好。

2. 提升了旅游团队特征及需求分析能力

基于工学一体化教学模式中学习过程与工作过程对接的特征，学生可以获得教材内容之外的知识与能力。本课程在综合考虑景区导游讲解实际工作情境，每个一体化教学任务内容的创建都设定了特定的接待团队，使得学习内容与工作内容更加接近。经过一个学期的任务实施，学生掌握了研学团、老年团、政务团等十余种旅游团队的特征分析及需求分析。学生在完成教师推送的学习任务书过程中，首先小组团队需要利用头脑风暴法对接待团队的基本信息和需求进行初步分析，将内容以思维导图的形式完成在学习工作页中。课中，教师引导学生充分展示本组的讨论结果，学生在听取不同组的汇报时，激发新的灵感，教师则在学生的基本上进行补充强调，将这种开放性的问题引导学生思考得更加全面化，鼓励学生参与思考讨论。长期以来，不仅可以提升学生对接待旅游团队特征及需求分析能力，还能启发学生树立以游客为中心的服务意识，提高景区景点导游讲解服务质量。

3. 加强了资料搜集提炼

在当今开放的互联网时代，信息的获取也是一项重要的职业技能。采用工学一体化教学模式的教学设计，能够为学生提供开放性的学习场景，部分任务的完成需要学生具备良好的信息搜索和提炼能力。基于景区景点的特殊性，他们具备许多神话传说和历史人文背景，为了确保讲解的正确性，打破千篇一律的讲解形式，需要提升学生利用互联网进行资料总结的能力。课前，学生接到学习任务后，在学习工作页的引导下，会提前利用课余时间完成资料搜集整理。课中，每组和大家分享他们获取资料的渠道和相关内容，大家一起鉴定渠道的合理性和资料的正确性，教师则教会大家如何在官方平台获取权威的内容信息，学生在教师引导下再次搜集和完善完成本次学习任务需要使用的资料内容。通过课前自学，课中教师补充示范，结合学生的实践，资料搜集的速度和准确率明显加强。

4. 提高了导游词撰写和景区讲解的专业技能

在本课程学习之前，学生撰写导游词的水平主要以模仿为主，而且倾向于网上现成的导游词，缺乏针对性和创新性。经过工学一体化六步教学法的实施，学生在撰写导游词之前对接待旅游团队和景区景点资料有了一定的了解，能够明晰旅游团队到底对景区景点的哪些知识内容深感兴趣。因此，学生在撰写导游词的过程中就能充分考虑游客需求，改变之前固有的写词形式，经过任务实施和检查控制环节，师生共同对导游词进行完善，使得导游词的个性化特征更加明显。在景区景点讲解能力方面，工学一体化课程教学改革后，学生课前会自主学习优秀讲解人员的讲解视频，学习他们的表达感染力和态势语言等。课中，为提高学生参与度，任务实施环节中明确了岗前联系环节和成果展示讲解环节，组内个人练习和角色扮演练习有效提高了学生的整体讲解水平，小组比拼设计更是增强了学生竞争意识，更加激励景区讲解能力提高。

（二）学习过程收获颇多

1. 提高课堂学习参与度

工学一体化课程教学改革后，教学组织形式发生了较大变化，较传统教学形式相比，提高了学生课程学习参与度。一是整个学期都是以小组形式组织学习，学习任务所有内容是需要大家积极配合的，任何一个环节都不能掉链子，因此，在组长的分工安排下，能够确保每位成员都有任务可干，提高课程参与度。二是工学一体化教学模式以学习工作页为引领，学生的提前自学和完成任务是确保教学开展的关键，因此，在任务驱动下，学生能有效参与到工作任务学习中来。三是与传统教学模式相比，工学一体化教学模式形式为学生创造了更多动手的环节，为学生自由发挥创造了学习空间，因此，对学生而言，课堂趣味性明显提升，课堂学习过程中的获得感增强，能够更加激发学生积极参与学习的内生动力。

2. 转变学生学习态度

技工院校生源具有一定的特殊性，基本上都是中考五五分流制度下未考上高中的初中学子，在以往的学习过程中，部分学生对“教师讲、学生听”的课堂教学形式提不起兴趣，因此呈现出上课睡觉、不按时完成作业、不积极思考回答问题等不良学习态度。经过教学过程相处，这部分学生虽然对于理论性知识学习兴趣不高，但他们不排斥实践教学，部分学生动手实操能力特别强，只要教师精心组织教学设计，就能有效转变他们的学习态度。鉴于学情分析的客观实际，工学一体化课程教学改革能够很好地满足学生的需求，借助学习工作页和教师的引导，将学习置身于具体的工作情境之中，整个课堂都需要学生的各种形式实践操作来高度配合，摆脱了“满堂灌”的教学组织形式。经过两个学期的教学改革实践，整体来说班级的课堂学风出现了良好的改变，除了极个别学习意识非常不佳的学生外，基本上没有睡觉现象，小组都在积极讨论完成各项工作任务，班级整体学习态度明显好转。

3. 提升团队协作能力

技工院校的办学目的是为企业输送高素质技能人才，而企业是一个有机整体，各部门工作更是需要员工的齐心协力才能高效完成，因此，企业招聘人员的时候不仅要考虑其专业技能，也会斟酌其沟通交流、团结协作等基本职业素养。工学一体化教学改革之后，整个学期学生都是采用固定的分组进行集体学习，在组长的带领下，大家分工协作完成好各项学习任务。面对同样的学习任务情境，结合景区景点导游服务开放性的特征，每组完成任务后得到的结果并不会完全一样，通过教师采用的学习评价机制，营造竞争性学习氛围，借助小组比拼激励每组认真完成学习任务，对照标准提高任务质量。因此，要确保任务质量，每个学习小组需要成员之间高度配合，大家团结一致，积极协调交流，高质量完成自身所负责的部分，摒弃以自我为中心的思想，从而有利于提升团队协作能力，提高学生适应企业发展需要的能力。

4. 有效践行工匠精神

拥有精益求精的工匠精神是新时代技能型人才应具备的良好素养。学生作为“准职场人”，未来要想在职业岗位中干出一番事业，有所成就，对工作中负责的事情就要做到精益求精，做出自己的成绩，才能在职场中拥有更好的发展。工学一体化教学实践中，每一项工作任务就等同于一个具体的工作事宜，一学期下来所有任务之间具有相似处和不同点，尤其是景区景点讲解实务这门课程，每项工作任务之间是一种并列关系，任务的工作流程都大体相同，更能锻炼学生精益求精的工作精神。教学实施过程中，学生对任务实施的要求普遍较高，有的甚至会对景区知识和一些数据进行多个渠道反复核对，确保讲解内容的精确性。为提高现场讲解效果，每组成员也会反复不断地进行讲解练习，完善导游词，争取能够更好地匹配接待团队需求，养成精益求精的良好精神品质。

（三）自主学习能力提升

学习型社会更加需要学生具有良好的自主学习能力，做到举一反三，不断加强学习进步。工学一体化教学改革后，任务驱动教学方式成了主要的学习形式，每个任务基本是学生先学先做，教师再补充示范，引导学生形成良好的自主学习习惯，提高自主学习能力。同时，教学过程中丰富的教学资源和学习平台，也为培养学生自主学习能力提供了良好渠道。例如，全国及地方各类导游大赛优秀讲解视频、景区讲解类 App 平台等，学生借助手机就能实现随时随地地学习，高效利用课余时间，养成良好的自主学习意识。

二、工学一体化课程教学改革促进教师教学成长

工学一体化课程教学改革对教师提出了更高要求，能够促进教师在政策解读、教学设计和教学组织等方面取得成长进步。

（一）促进教师对政策要求的解读

教师要想做好工学一体化课程教学改革工作，首先必须对国家颁布的政策文件进行深入解读和学习领会。因此，能够有利于教师对课程教学进度计划的编制、课程标准的制定、学习内容的转化、学习任务活动的设计、课堂教学活动的组织与实施、学习任务考核评价机制的制定等方面进行全面学习思考，并结合自身对职业岗位的理解，全面系统化开展工学一体化课程教学改革实践。

（二）促进教师教学设计能力提升

工学一体化课程教学模式对教师在典型工作任务、学习工作页、教学环节、教学活动、教学评价等设计方面提出更高要求，带动教师深入了解企业岗位需求，提高工作内容向学习内容的转化能力。一是教师要紧扣工作任务内容和要求，巧妙地设置学习任务情境，且具有一定的典型性和代表性。二是教师要根据学情实际和学习任务内容，精心设计学习工作页，以便能够很好地辅助学生自主完成学习任务。三是教师对教学环节设计要合乎工作情境，能够确保学习任务按照工作要求顺利完成。四是教师要整合提供丰富的学习资源，编制学习信息页，设计能够激发学生学习兴趣的教学活动，形成良好的学习氛围。五是教师要结合企业标准，制定合理的学习任务评价体系，将过程性考核和终结性考核均纳入考核过程中来，并且设置多元评价主体，做到考核评价的客观公正，增强学生的质量意识。

（三）促进教师教学组织能力提升

教师根据工学一体化教学要求进行精心设计后，还需要在课堂实施过程中用心地去组织，而不是简单地让学生完成学习工作页就行。要想拥有良好的教学效果，一是教师要做好充分的教学组织准备，树立良好的纪律要求，提前准备好教学过程中所需的工具和材料，营造良好的学习环境。二是教师要用心观察和引导，及时激发学生的学习灵感，解决学生在学习过程中遇到的困难。三是教师在实施过程中，借助巧妙的引导和灵活有趣的设计激发学生积极参与，高质有序地完成学习任务，在学生为主体的课堂氛围中培养学生综合职业素养。

三、工学一体化课程教学改革促进学院教改成长

学院是支持教师进行工学一体化课程教学改革的源泉，学院发展在现有基础上要不断进行提质培优，这就需要教学团队紧密对接企业需求，以一体化课改为主阵地，不断提高学生综合职业素养。

工学一体化课程教学改革有利于学院营造良好的教改氛围。以部分课程为改革起点，不断探索工学一体化教学模式的实施，反复磋商，并将改革经验分享至其他课程，带动更多的教师一起参与到教改中来。

工学一体化课程教学改革有利于提高学院对教改工作的重视。首先课改过程中需要学院对一体化教学环境进行大力支持建设，购买相应的工具、材料和设备，提高硬环境建设。其次，激发学院制定相应教学管理政策支持鼓励教师参与一体化课程教学改革，例如在评优评先、工作量考核等方面给予倾斜，定期选派相关教师外出进行学习，调动教师的积极性，提高工学一体化课程教学改革的软实力。最后，校企合作是工学一体化课程教学改革的必要前提，有利于学院加强对校企合作工作的推进，积极引领教学团队走出去，深入企业了解实情，签订校企合作协议，为教改提供良好的社会环境。

第二节　存在不足及改进措施

工学一体化课程教学改革在摸索中前进，《景区讲解服务》经过两年的时间思考和探索，结合各类竞赛作为推动力，虽取得了一定成效，但在实施过程中仍

存在不足之处，今后教学中将不断改进。

一、学生层面

（一）存在不足

学生完成学习任务过程中的质量意识不够。少数学生在工作任务实施过程中对服务规范不够重视，有点我行我素。部分学生在任务实施过程中忽略评价标准，导致实施过程虽然非常认真，但评价得分并不理想，影响学习的积极性。

学生学习基础参差不齐，任务实施时出现快慢不一的情况，而且个别学生比较腼腆，语言表达和沟通交流能力有待提升。

学生的自主学习能力对教学实施成效影响较大，需不断加强。部分学生的自觉性还有待加强，存在临时赶任务的情况，使得任务实施无法达到效果。每个任务环节都是环环相扣的，学生不配合将影响课堂教学时间的分配，扰乱教学活动计划的实施。

（二）改进措施

今后教学实施中教师和企业导师反复强调服务规范，引起学生对评价标准的重视，将任务实施标准牢记于心，激发学生高标准要求自我。为学生提供更多上台讲解的机会，鼓励学生多练习多实践，增强学习自信心。制定合适的与课程配套的激励机制，联合班主任、家长等参与课程管理，不断提升学生的自主学习能力。

二、教师层面

（一）存在不足

教师对课堂纪律的管理需要加强。工学一体化教学实施中学生拥有大量探讨和完成任务的时间，鉴于学生自控性不足的情况，课堂上部分学生容易脱离课堂，使得课堂管理的难度更加加大。

教师对学生手机的管理需要加强。工学一体化教学实施中，部分工作任务的完成需要借助互联网，大部分学生的自我管理较好，不会出现玩手机情况，但小部分学生对手机控制不当，出现使用手机聊天、看视频等现象，需要更加合理地管理手机，确保任务实施能够顺利完成。

教师要提升自身教学基本功。工学一体化教学实施中，教师应该走在学生的前面，自身对任务的实施必须非常清晰，同时要加强景区讲解技能的提升，为学生提供符合规范的示范讲解，才能及时为学生进行引导和纠偏。

需要信息化手段使用使得手机的管理更加困难。加强各环节时间控制，激发学生思考任务的潜力，确保课堂高效。

（二）改进措施

今后教师要更加深入了解学情，进行合理的分组，让学习勤奋的学生带领本组学习团队共同学习探讨，监督自控性不强的学生，更加严管课堂纪律，确保课堂实施成效。为了更好地加强手机管理，可将手机管理纳入任务考核中来，同时向学院申请建立专业学习机房，确保每位同学上课都有电脑使用，方便教师统一管理。学无止境，工学一体化教学中对教师的实操能力提出更高要求，因此，教师除了教学能力的学习提升外，还需要不断参与社会实践，利用寒暑假下企业进行锻炼，熟悉企业要求和标准，更好地服务于课程教学改革。

参考文献

[1] 人力资源和社会保障部 . 关于印发《推进技工院校工学一体化技能人才培养模式实施方案》的通知：人社部函〔2022〕20 号 . 中华人民共和国人力资源和社会保障部官方网站，2022-03-04.

[2] 祁百学 . 工学一体“六步教学模式”在《数控车削与实训》课程中的实践和体会 [J]. 科技资讯 .2020(03).

[3] 陈聪 . 基于一体化教学改革的典型案例实践分析 [J]. 就业与保障 . 2019(23).

[4] 吕轩民 . 浅谈技师学院的“一体化教学”[J]. 才智 .2016（25）.

[5] 黄晓明 . 基于工作过程的活页式教材的开发——以“注塑模具设计”课程为例 [J]. 科教论坛 ,2022(01).

[6] 唐嘉 . 校企合作背景下新型活页式、工作手册式教材开发探析 [J]. 包头职业技术学院学报 ,2020(04).

[7] 杨婷 . 技工院校工学一体化人才培养模式下计算机程序设计专业课程教学改革 [J]. 电脑知识与技术，2024（02）.

[8] 房明 , 许鹏善 . 基于工学一体化课程教学的技能人才培养模式实践与探究 [J]. 山西青年 ,2023(12).

[9] 祝传魁 . 技工院校工学一体化技能人才培养模式探讨 [J]. 山东人力资源和社会保障 ,2022(9).

[10] 邱泽伟 . 论工学一体化人才培养模式中的学生中心 [J]. 中国培训 ,2023(2).

[11] 崔彦 . 基于技工教育工学一体化教学模式下“电工技能训练”教学改革探析 [J]. 科技风，2023（34）.

[12] 任清 . 技工院校工学一体化人才培养模式下机械专业课程教学改革 [J]. 中国多媒体与网络教学学报，2023(08).

[13] 靳红霞 . 工学一体化模式下机械制图课程的教学设计与优化——以机用

虎钳测绘教学为例 [J]. 造纸装备及材料，2022(06).

[14] 周辰，范建锋 . 混态教学模式下工学一体化课程的实践与研究 [J]. 中国多媒体与网络教学学报，2023(07).

[15]张明新 .“工学一体化技能人才培养”模式下的教学改革探究——以《Protel电路设计》课程为例 [A]. 天津市电子工业协会 2022 年年会论文集 [C]. 中国天津：天津市电子工业协会，2022.

[16] 林斌 . “工学一体化” 教学模式下《数控车、铣综合实训》课程的开发与实践 [J]. 科技风，2021(01).

[17] 刘宇，张娜，吴林 . “工学一体化” 课程改革推进专业建设的探索——以汽车维修专业建设为例 [J]. 汽车维修技师，2024(10).

[18] 王亚菲 . 基于工学一体化的变频技术及应用课程改革与实践 [J]. 职业，2024(08).

[19] 徐飞 . 工学一体化教学改革研究——以汽车电气设备故障诊断与修复课程为例 [J]. 汽车测试报告，2024(02).

[20] 王小骥 .《电子商务物流管理》课程工学一体化改革方案 [J]. 中国物流与采购，2024(01).

[21] 彭正 . 电气自动化设备安装与维修专业一体化课程教学改革研究 [J]. 造纸装备及材料，2023(12).

[22] 雷环 . 技工院校工程力学课程工学一体化教学改革分析 [J]. 职业，2023(18).

[23] 严海珍 . 基于工作任务的职业教育一体化课程教学研究 [J]. 佳木斯职业学院学报，2023(08).

[24] 翟勇波 . 基于工学一体化的非标自动化设备设计课程改革与实践 [J]. 农业工程与装备，2023(01).

[25] 朱本飞 . 职业教育工学一体化课程设置与教学改革探讨 [A]. 第四届生活教育学术论坛论文集 [C]. 中国北京：中国陶行知研究会，2022.

[26] 严均，周煌辉 . 以工匠精神为引领的电子技术课程工学一体化教学模式改革研究 [J]. 中国教育技术装备，2023(17).

附 录

附录 1　张家界天门山景区导游讲解服务学习工作页

《张家界天门山景区导游讲解服务》

学习工作页

课程：________________________

班级：________________________

组别：　□领学组　　□挑战组

成员：________________________

课时：________________________

《张家界天门山景区导游讲解服务》课前任务书

任务要求：

为提高课堂学习效率，确保完整工作任务情境能在一体化课堂实施过程中顺利完成，故老师设定具体学习问题及任务，请同学们在课前高质量完成。通过课前自学的方式，希望大家养成“自律、自信、自强”的良好学习习惯，并按要求完成老师布置的任务。

引导问题：

表 1　课前任务书

学习目标	（1）每个学生独立完成教师在学习通发布的学习资料； （2）小组自主学习学习通学习任务资料山岳景区的欣赏、引导和讲解技巧，并绘制思维导图； （3）根据张家界天门山景区讲解任务学习信息页中的内容，结合自己利用网络检索的信息，完成青少年团队需求分析和天门山景区资料搜集。
问题 1	以组为单位完成“青少年旅行团”的团队特征及需求分析，制作成思维导图。
问题 2	预习山岳景区的欣赏、引导及讲解技巧，完成思维导图制作。
欣赏角度	
引导技巧	
讲解技巧	
问题 3	查阅学习信息页中天门山景区信息，利用互联网搜集天门山景点资料形成备用的景区资料库，将查阅资料的具体渠道（例如网址、公众号、自媒体平台等）写在下列表格中。
问题 4	自学观看全国导游大赛优秀讲解视频，参赛选手的哪些方面值得你学习，请每人谈谈你的想法？
学生 1	
学生 2	
学生 3	
学生 4	
学生 5	
学生 6	

《张家界天门山景区导游讲解服务》课中任务书

【学习目标】：

（1）明确工作任务要求，制定工作实施计划，绘制任务流程图，并做好分工等工作决策，确定团队需求特点、撰写个性化导游词等工作任务；

（2）在教师指导下，结合行业规范化、标准化要求，完成景区讲解及评价总结工作；

（3）在学习活动中，培养学生以游客为中心的服务意识，将环保、创新等职业精神融入工作任务全过程，并且遵守“6S”管理工作现场。

【学习过程】：

1. 课前工作例会：检查仪容仪表。（5 分钟）

表 2　仪容仪表检查表

<table>
<tr><th rowspan="2">组别</th><th rowspan="2">姓名</th><th rowspan="2">课堂考勤</th><th colspan="4">仪容仪表</th></tr>
<tr><th>发型</th><th>妆容</th><th>服饰</th><th>卫生</th></tr>
<tr><td rowspan="6">讲仁组
（领学组）</td><td>学生 1</td><td></td><td></td><td></td><td></td><td></td></tr>
<tr><td>学生 2</td><td></td><td></td><td></td><td></td><td></td></tr>
<tr><td>学生 3</td><td></td><td></td><td></td><td></td><td></td></tr>
<tr><td>学生 4</td><td></td><td></td><td></td><td></td><td></td></tr>
<tr><td>学生 5</td><td></td><td></td><td></td><td></td><td></td></tr>
<tr><td>学生 6</td><td></td><td></td><td></td><td></td><td></td></tr>
<tr><td rowspan="3">讲义组
（挑战组 1）</td><td>学生 7</td><td></td><td></td><td></td><td></td><td></td></tr>
<tr><td>学生 8</td><td></td><td></td><td></td><td></td><td></td></tr>
<tr><td>学生 9</td><td></td><td></td><td></td><td></td><td></td></tr>
<tr><td rowspan="3">讲义组
（挑战组 1）</td><td>学生 10</td><td></td><td></td><td></td><td></td><td></td></tr>
<tr><td>学生 11</td><td></td><td></td><td></td><td></td><td></td></tr>
<tr><td>学生 12</td><td></td><td></td><td></td><td></td><td></td></tr>
<tr><td>讲礼组
（挑战组 2）</td><td>学生 13</td><td></td><td></td><td></td><td></td><td></td></tr>
</table>

续表

组别	姓名	课堂考勤	仪容仪表			
			发型	妆容	服饰	卫生
	学生 14					
	学生 15					
	学生 16					
	学生 17					
	学生 18					
讲智组（领学组3）	学生 19					
	学生 20					
	学生 21					
	学生 22					
	学生 23					
	学生 24					
讲信组（挑战组4）	学生 25					
	学生 26					
	学生 27					
	学生 28					
	学生 29					
	学生 30					
备注		考勤和仪容仪表合格的打√，不合格的打 ×。				

2. 工作任务实施：（工学一体六步教学法）

表 3　工作任务实施表

步骤一：获取信息	
任务背景	详见学习任务内容设计

<table>
<tr><td>讲解载体</td><td></td><td>讲解对象</td><td colspan="3"></td></tr>
<tr><td>团队人数</td><td></td><td>讲解景点</td><td colspan="3"></td></tr>
<tr><td>本次任务内容有：</td><td colspan="5"></td></tr>
<tr><td>本次任务要求有：</td><td colspan="5"></td></tr>
<tr><td>任务中的关键词：</td><td colspan="5"></td></tr>
<tr><td colspan="6">步骤二：制定计划</td></tr>
<tr><td>引导问题 1</td><td colspan="5">地陪导游（景区讲解员）从接收旅游接待任务到工作任务结束，需要哪些主要工作环节?</td></tr>
<tr><td></td><td colspan="5"></td></tr>
<tr><td>引导问题 2</td><td colspan="5">景区景点导游讲解接待前，具体要做好哪些准备工作?</td></tr>
<tr><td></td><td colspan="5"></td></tr>
<tr><td>引导问题 3</td><td colspan="5">请利用思维导图绘制景区景点导游讲解工作任务流程图。</td></tr>
<tr><td></td><td colspan="5"></td></tr>
<tr><td>引导问题 4</td><td colspan="5">景区景点导游讲解注意事项有哪些?</td></tr>
<tr><td></td><td colspan="5"></td></tr>
<tr><td colspan="6">步骤三：做出决策</td></tr>
<tr><td rowspan="2">引导问题：
审定计划</td><td colspan="2">计划是否合理</td><td colspan="3"></td></tr>
<tr><td colspan="2">计划是否符合企业实际</td><td></td><td></td><td></td></tr>
<tr><td rowspan="4">组内任务分工</td><td colspan="2">姓名</td><td colspan="3">负责任务</td></tr>
<tr><td>学生 1</td><td colspan="4"></td></tr>
<tr><td>学生 2</td><td colspan="4"></td></tr>
<tr><td>学生 3</td><td colspan="4"></td></tr>
<tr><td rowspan="3">组内任务分工</td><td>学生 4</td><td colspan="4"></td></tr>
<tr><td>学生 5</td><td colspan="4"></td></tr>
<tr><td>学生 6</td><td colspan="4"></td></tr>
</table>

续表

<table>
<tr><td colspan="2" rowspan="6">讲解内容
决策定位</td><td>景点名称</td><td>景点特色要点</td><td>对照课程信息页中的知识，选择合适的讲解方法</td></tr>
<tr><td></td><td></td><td></td></tr>
<tr><td></td><td></td><td></td></tr>
<tr><td></td><td></td><td></td></tr>
<tr><td></td><td></td><td></td></tr>
<tr><td></td><td></td><td></td></tr>
<tr><td colspan="5">步骤四：实施计划</td></tr>
<tr><td>实施环节</td><td colspan="2">实施内容</td><td colspan="2">实施阶段性成果</td></tr>
<tr><td>环节一</td><td colspan="2"></td><td colspan="2"></td></tr>
<tr><td>环节二</td><td colspan="2"></td><td colspan="2"></td></tr>
<tr><td>环节三</td><td colspan="2"></td><td colspan="2"></td></tr>
<tr><td>环节四</td><td colspan="2"></td><td colspan="2"></td></tr>
<tr><td>环节五</td><td colspan="2"></td><td colspan="2"></td></tr>
<tr><td>……</td><td colspan="2"></td><td colspan="2"></td></tr>
<tr><td colspan="5">步骤五：检查控制</td></tr>
<tr><td rowspan="4">成果汇报与检验</td><td colspan="2">领学组</td><td colspan="2">班助拍摄讲解视频存档</td></tr>
<tr><td colspan="2">引导问题：
是否达成任务目标，满足游客需求？</td><td colspan="2"></td></tr>
<tr><td colspan="2">挑战组 1</td><td colspan="2">班助拍摄讲解视频存档</td></tr>
<tr><td colspan="2">引导问题：
是否达成任务目标，满足游客需求？</td><td colspan="2"></td></tr>
</table>

续表

<table>
<tr><td rowspan="6">成果汇报与检验</td><td colspan="2">挑战组 2</td><td colspan="2">班助拍摄讲解视频存档</td></tr>
<tr><td colspan="2">引导问题：
是否达成任务目标，满足游客需求？</td><td colspan="2"></td></tr>
<tr><td colspan="2">挑战组 3</td><td colspan="2">班助拍摄讲解视频存档</td></tr>
<tr><td colspan="2">引导问题：
是否达成任务目标，满足游客需求？</td><td colspan="2"></td></tr>
<tr><td colspan="2">挑战组 4</td><td colspan="2">班助拍摄讲解视频存档</td></tr>
<tr><td colspan="2">引导问题：
是否达成任务目标，满足游客需求？</td><td colspan="2"></td></tr>
<tr><td colspan="5">步骤六：评价反馈</td></tr>
<tr><td>学习团队</td><td>记录维度</td><td>自评</td><td>互评</td><td>教师评价</td></tr>
<tr><td rowspan="4">讲仁组
领学组</td><td>优点</td><td></td><td></td><td></td></tr>
<tr><td>缺点</td><td></td><td></td><td></td></tr>
<tr><td>改进建议</td><td></td><td></td><td></td></tr>
<tr><td>工作总结</td><td colspan="3"></td></tr>
<tr><td rowspan="4">讲义组
挑战组 1</td><td>优点</td><td></td><td></td><td></td></tr>
<tr><td>缺点</td><td></td><td></td><td></td></tr>
<tr><td>改进建议</td><td></td><td></td><td></td></tr>
<tr><td>工作总结</td><td colspan="3"></td></tr>
<tr><td rowspan="4">讲礼组
挑战组 2</td><td>优点</td><td></td><td></td><td></td></tr>
<tr><td>缺点</td><td></td><td></td><td></td></tr>
<tr><td>改进建议</td><td></td><td></td><td></td></tr>
<tr><td>工作总结</td><td></td><td></td><td></td></tr>
<tr><td rowspan="2">讲智组
挑战组 3</td><td>优点</td><td></td><td></td><td></td></tr>
<tr><td>缺点</td><td></td><td></td><td></td></tr>
</table>

续表

讲智组 挑战组 3	改进建议			
	工作总结			
讲信组 挑战组 4	优点			
	缺点			
	改进建议			
	工作总结			
定量评价	工作能力评价（50%）	利用腾讯在线文档进行客观评价		
	学习水平评价（20%）			
	职业素养评价（30%）			
“达人” 评选				

附录 2　张家界黄龙洞景区导游讲解服务学习工作页

《张家界黄龙洞景区导游讲解服务》

学
习
工
作
页

课程：______________________

班级：______________________

组别：　□领学组　　□挑战组

成员：______________________

课时：______________________

《张家界黄龙洞景区导游讲解服务》课前任务书

任务要求：

为提高课堂学习效率，确保完整工作任务情境能在一体化课堂实施过程中顺利完成，故老师设定具体学习问题及任务，请同学们在课前高质量完成。通过课前自学的方式，希望大家养成“自律、自信、自强”的良好学习习惯，并按要求完成老师布置的任务。

引导问题：

表 1　课前任务实施表

学习目标	（1）每个学生独立完成教师在学习通发布的学习资料； （2）小组自主学习熟练学习通平台中发布的岩溶岩洞景区的欣赏、引导和讲解技巧，并绘制思维导图； （3）根据张家界黄龙洞学习信息页中的内容，结合自己利用网络检索的信息，完成商务型旅游团队需求分析和黄龙洞景区资料搜集。
问题 1	以组为单位完成“商务型旅行团”的团队特征及需求分析，制作成思维导图。
问题 2	自学岩溶岩洞景区的欣赏、引导及讲解技巧，绘制思维导图制作。
欣赏角度	
引导技巧	
讲解技巧	
问题 3	查阅学习信息页中黄龙洞景区信息，利用互联网搜集黄龙洞景点资料形成备用的景区资料库，将查阅资料的具体渠道（例如网址、公众号、自媒体平台等）写在下列表格中。
问题 4	自学观看教师发布的全国导游大赛优秀讲解视频，参赛选手的哪些方面值得你学习，请每人谈谈你的想法？
学生 1	
学生 2	
学生 3	
学生 4	
学生 5	
学生 6	

《张家界黄龙洞景区导游讲解服务》课中任务书

【学习目标】：

（1）明确工作任务要求，制定工作实施计划，绘制任务流程图，并做好分工等工作决策，确定团队需求特点、撰写个性化导游词等工作任务；

（2）在教师指导下，结合行业规范化、标准化要求，完成景区讲解及评价总结工作；

（3）在学习活动中，培养学生以游客为中心的服务意识，将环保、创新等职业精神融入工作任务全过程，并且遵守“6S”管理工作现场。

【学习过程】：

1. 课前工作例会：检查仪容仪表。（5 分钟）

表 2 仪容仪表检查表

组别	姓名	课堂考勤	仪容仪表			
			发型	妆容	服饰	卫生
讲仁组（挑战组1）	学生 1					
	学生 2					
	学生 3					
	学生 4					
	学生 5					
	学生 6					
讲义组（领学组）	学生 7					
	学生 8					
	学生 9					
讲义组（领学组）	学生 10					
	学生 11					
	学生 12					

续表

组别	姓名	课堂考勤	仪容仪表			
			发型	妆容	服饰	卫生
讲礼组（挑战组2）	学生 13					
	学生 14					
	学生 15					
	学生 16					
	学生 17					
	学生 18					
讲智组（领学组3）	学生 19					
	学生 20					
	学生 21					
	学生 22					
	学生 23					
	学生 24					
讲信组（挑战组4）	学生 25					
	学生 26					
	学生 27					
	学生 28					
	学生 29					
	学生 30					
备注		考勤和仪容仪表合格的打√，不合格的打 ×。				

2. 工作任务实施：（工学一体六步教学法）

表 3 工作任务实施表

步骤一：获取信息		
任务背景	详见学习任务内容设计	
讲解载体	讲解对象	
团队人数	讲解景点	
本次任务内容有：		
本次任务要求有：		
任务中的关键词：		
步骤二：制定计划		
引导问题 1	地陪导游（景区讲解员）从接收旅游接待任务到工作任务结束，需要哪些主要工作环节？	
引导问题 2	景区景点导游讲解接待前，具体要做好哪些准备工作？	
引导问题 3	请利用思维导图绘制景区景点导游讲解工作任务流程图。	
引导问题 4	景区景点导游讲解注意事项有哪些？	
步骤三：做出决策		
引导问题：审定计划	计划是否合理	
	计划是否符合企业实际	
组内任务分工	姓名	负责任务
	学生 1	
	学生 2	
	学生 3	

续表

组内 任务分工	学生 4		
	学生 5		
	学生 6		
讲解内容 决策定位	景点名称	景点特色要点	对照课程信息页中的知识，选择合适的讲解方法
步骤四：实施计划			
实施环节	实施内容	实施阶段性成果	
环节一			
环节二			
环节三			
环节四			
环节五			
……			
步骤五：检查控制			
成果汇报 与检验	领学组	班助拍摄讲解视频存档	
	引导问题： 是否达成任务目标，满足游客需求？		
	挑战组 1	班助拍摄讲解视频存档	

续表

成果汇报与检验	引导问题： 是否达成任务目标，满足游客需求？			
成果汇报与检验	挑战组 2	班助拍摄讲解视频存档		
	引导问题： 是否达成任务目标，满足游客需求？			
	挑战组 3	班助拍摄讲解视频存档		
	引导问题： 是否达成任务目标，满足游客需求？			
	挑战组 4	班助拍摄讲解视频存档		
	引导问题： 是否达成任务目标，满足游客需求？			
步骤六：评价反馈				
学习团队	记录维度	自评	互评	教师评价
讲仁组 挑战组 1	优点			
	缺点			
	改进建议			
	工作总结			
讲义组 挑战组 2	优点			
	缺点			
	改进建议			
	工作总结			

续表

讲礼组 领学组	优点			
	缺点			
	改进建议			
	工作总结			
讲智组 挑战组 3	优点			
讲智组 挑战组 3	缺点			
	改进建议			
	工作总结			
讲信组 挑战组 4	优点			
	缺点			
	改进建议			
	工作总结			
定量评价	工作能力评价（50%）			
	学习水平评价（20%）			
	职业素养评价（30%）			
“达人”评选				

附录 3　宁乡花明楼景区导游讲解服务学习工作页

《宁乡花明楼景区导游讲解服务》

学
习
工
作
页

课程：________________

班级：________________

组别：　□领学组　□挑战组

成员：________________

课时：________________

《宁乡花明楼景区导游讲解服务》课前任务书

任务要求：

为提高课堂学习效率，确保完整工作任务情境能在一体化课堂实施过程中顺利完成，故老师设定具体学习问题及任务，请同学们在课前高质量完成。通过课前自学的方式，希望大家养成"自律、自信、自强"的良好学习习惯，并按要求完成老师布置的任务。

引导问题：

表1 课前任务表

学习目标	（1）每个学生独立完成教师在学习通发布的学习资料； （2）小组自主学习熟练学习通平台中发布的红色景区的欣赏、引导和讲解技巧，并绘制思维导图； （3）根据《宁乡花明楼景区学习信息页》中的内容，结合自己利用网络检索的信息，完成高中生研学型旅游团队需求分析和宁乡花明楼景区资料搜集。
问题1	以组为单位完成"研学旅行团"的团队特征及需求分析，制作成思维导图。
问题2	巩固红色旅游资源景区的欣赏、引导及讲解技巧，绘制思维导图制作。
欣赏角度	
引导技巧	
讲解技巧	
问题3	查阅《宁乡花明楼景区学习信息页》中花明楼景区信息，利用互联网搜集花明楼景区资料形成备用的景区资料库，将查阅资料的具体渠道（例如网址、公众号、自媒体平台等）写在下列表格中。
问题4	自学观看教师发布的导游讲解视频，请思考提炼哪些方面值得你学习，请每人谈谈你的想法？
学生1	
学生2	
学生3	
学生4	
学生5	
学生6	

《宁乡花明楼景区导游讲解服务》课中任务书

【学习目标】：

（1）明确工作任务要求，制定工作实施计划，绘制任务流程图，并做好分工等工作决策，确定团队需求特点、撰写个性化导游词等工作任务；

（2）在教师指导下，结合行业规范化、标准化要求，完成景区讲解及评价总结工作；

（3）在学习活动中，培养学生以游客为中心的服务意识，将爱国爱民、学习奋进等职业精神融入工作任务全过程，并且遵守“6S”管理工作现场。

【学习过程】：

1. 课前工作例会：检查仪容仪表。（5 分钟）

表 2　仪容仪表检查表

组别	姓名	课堂考勤	仪容仪表			
			发型	妆容	服饰	卫生
讲仁组（挑战组1）	学生 1					
	学生 2					
	学生 3					
	学生 4					
	学生 5					
	学生 6					
讲义组（挑战组2）	学生 7					
	学生 8					
	学生 9					
讲义组（挑战组2）	学生 10					
	学生 11					
	学生 12					

续表

<table>
<tr><th rowspan="2">组别</th><th rowspan="2">姓名</th><th rowspan="2">课堂考勤</th><th colspan="4">仪容仪表</th></tr>
<tr><th>发型</th><th>妆容</th><th>服饰</th><th>卫生</th></tr>
<tr><td rowspan="6">讲礼组
（挑战组3）</td><td>学生 13</td><td></td><td></td><td></td><td></td><td></td></tr>
<tr><td>学生 14</td><td></td><td></td><td></td><td></td><td></td></tr>
<tr><td>学生 15</td><td></td><td></td><td></td><td></td><td></td></tr>
<tr><td>学生 16</td><td></td><td></td><td></td><td></td><td></td></tr>
<tr><td>学生 17</td><td></td><td></td><td></td><td></td><td></td></tr>
<tr><td>学生 18</td><td></td><td></td><td></td><td></td><td></td></tr>
<tr><td rowspan="6">讲智组
（挑战组4）</td><td>学生 19</td><td></td><td></td><td></td><td></td><td></td></tr>
<tr><td>学生 20</td><td></td><td></td><td></td><td></td><td></td></tr>
<tr><td>学生 21</td><td></td><td></td><td></td><td></td><td></td></tr>
<tr><td>学生 22</td><td></td><td></td><td></td><td></td><td></td></tr>
<tr><td>学生 23</td><td></td><td></td><td></td><td></td><td></td></tr>
<tr><td>学生 24</td><td></td><td></td><td></td><td></td><td></td></tr>
<tr><td rowspan="6">讲信组
（领学组）</td><td>学生 25</td><td></td><td></td><td></td><td></td><td></td></tr>
<tr><td>学生 26</td><td></td><td></td><td></td><td></td><td></td></tr>
<tr><td>学生 27</td><td></td><td></td><td></td><td></td><td></td></tr>
<tr><td>学生 28</td><td></td><td></td><td></td><td></td><td></td></tr>
<tr><td>学生 29</td><td></td><td></td><td></td><td></td><td></td></tr>
<tr><td>学生 30</td><td></td><td></td><td></td><td></td><td></td></tr>
<tr><td colspan="2">备注</td><td colspan="5">考勤和仪容仪表合格的打√，不合格的打 ×。</td></tr>
</table>

2. 工作任务实施：（工学一体六步教学法）

表 3　工作任务实施表

<table>
<tr><td colspan="4">步骤一：获取信息</td></tr>
<tr><td>任务背景</td><td colspan="3">详见任务书</td></tr>
<tr><td>讲解载体</td><td></td><td>讲解对象</td><td></td></tr>
<tr><td>团队人数</td><td></td><td>讲解景点</td><td></td></tr>
<tr><td>本次任务内容有：</td><td colspan="3"></td></tr>
<tr><td>本次任务要求有：</td><td colspan="3"></td></tr>
<tr><td>任务中的关键词：</td><td colspan="3"></td></tr>
<tr><td colspan="4">步骤二：制定计划</td></tr>
<tr><td rowspan="2">引导问题 1</td><td colspan="3">地陪导游（景区讲解员）从接收旅游接待任务到工作任务结束，需要哪些主要工作环节？</td></tr>
<tr><td colspan="3"></td></tr>
<tr><td rowspan="2">引导问题 2</td><td colspan="3">景区景点导游讲解接待前，具体要做好哪些准备工作？</td></tr>
<tr><td colspan="3"></td></tr>
<tr><td rowspan="2">引导问题 3</td><td colspan="3">请利用思维导图绘制景区景点导游讲解工作任务流程图。</td></tr>
<tr><td colspan="3"></td></tr>
<tr><td rowspan="2">引导问题 4</td><td colspan="3">景区景点导游讲解注意事项有哪些？</td></tr>
<tr><td colspan="3"></td></tr>
<tr><td colspan="4">步骤三：做出决策</td></tr>
<tr><td rowspan="2">引导问题：
审定计划</td><td>计划是否合理</td><td colspan="2"></td></tr>
<tr><td>计划是否符合企业实际</td><td colspan="2"></td></tr>
<tr><td rowspan="2">组内任务分工</td><td>姓名</td><td colspan="2">负责任务</td></tr>
<tr><td>学生 1</td><td colspan="2"></td></tr>
</table>

续表

<table>
<tr><td rowspan="5">组内任务分工</td><td>学生 2</td><td colspan="3"></td></tr>
<tr><td>学生 3</td><td colspan="3"></td></tr>
<tr><td>学生 4</td><td colspan="3"></td></tr>
<tr><td>学生 5</td><td colspan="3"></td></tr>
<tr><td>学生 6</td><td colspan="3"></td></tr>
<tr><td rowspan="6">讲解内容
决策定位</td><td>景点名称</td><td>景点特色要点</td><td>景点文化内涵挖掘</td><td>对照课程信息页中的知识，选择合适的讲解方法</td></tr>
<tr><td></td><td></td><td></td><td></td></tr>
<tr><td></td><td></td><td></td><td></td></tr>
<tr><td></td><td></td><td></td><td></td></tr>
<tr><td></td><td></td><td></td><td></td></tr>
<tr><td></td><td></td><td></td><td></td></tr>
<tr><td colspan="5">步骤四：实施计划</td></tr>
<tr><td>实施环节</td><td>实施内容</td><td colspan="3">实施阶段性成果</td></tr>
<tr><td>环节一</td><td></td><td colspan="3"></td></tr>
<tr><td>环节二</td><td></td><td colspan="3"></td></tr>
<tr><td>环节三</td><td></td><td colspan="3"></td></tr>
<tr><td>环节四</td><td></td><td colspan="3"></td></tr>
<tr><td>环节五</td><td></td><td colspan="3"></td></tr>
<tr><td>……</td><td></td><td colspan="3"></td></tr>
<tr><td colspan="5">步骤五：检查控制</td></tr>
<tr><td rowspan="3">成果汇报
与检验</td><td>领学组</td><td colspan="3">拍摄讲解视频存档</td></tr>
<tr><td>引导问题：
是否达成任务目标，满足游客需求？</td><td colspan="3"></td></tr>
<tr><td>挑战组 1</td><td colspan="3">拍摄讲解视频存档</td></tr>
</table>

续表

<table>
<tr><td rowspan="8">成果汇报与检验</td><td>引导问题：
是否达成任务目标，满足游客需求？</td><td colspan="3"></td></tr>
<tr><td>挑战组 2</td><td colspan="3">拍摄讲解视频存档</td></tr>
<tr><td>引导问题：
是否达成任务目标，满足游客需求？</td><td colspan="3"></td></tr>
<tr><td>挑战组 3</td><td colspan="3">拍摄讲解视频存档</td></tr>
<tr><td>引导问题：
是否达成任务目标，满足游客需求？</td><td colspan="3"></td></tr>
<tr><td>挑战组 4</td><td colspan="3">拍摄讲解视频存档</td></tr>
<tr><td>引导问题：
是否达成任务目标，满足游客需求？</td><td colspan="3"></td></tr>
<tr></tr>
<tr><td colspan="5">步骤六：评价反馈</td></tr>
<tr><td>学习团队</td><td>记录维度</td><td>自评</td><td>互评</td><td>教师评价</td></tr>
<tr><td rowspan="4">讲仁组
挑战组 1</td><td>优点</td><td></td><td></td><td></td></tr>
<tr><td>缺点</td><td></td><td></td><td></td></tr>
<tr><td>改进建议</td><td></td><td></td><td></td></tr>
<tr><td>工作总结</td><td colspan="3"></td></tr>
<tr><td rowspan="4">讲义组
挑战组 2</td><td>优点</td><td></td><td></td><td></td></tr>
<tr><td>缺点</td><td></td><td></td><td></td></tr>
<tr><td>改进建议</td><td></td><td></td><td></td></tr>
<tr><td>工作总结</td><td colspan="3"></td></tr>
<tr><td rowspan="3">讲礼组
挑战组 3</td><td>优点</td><td></td><td></td><td></td></tr>
<tr><td>缺点</td><td></td><td></td><td></td></tr>
<tr><td>改进建议</td><td></td><td></td><td></td></tr>
</table>

续表

讲礼组 挑战组 3	工作总结			
讲智组 挑战组 4	优点			
	缺点			
	改进建议			
	工作总结			
讲信组 领学组	优点			
	缺点			
	改进建议			
	工作总结			
定量评价	小组评价		详见学习通平台	
	个人评价		利用腾讯文档的形式完成（扫码完成）	
“达人”评选	以组为单位拍摄讲解视频发送至抖音平台，根据浏览量 + 点赞数 + 评论数进行小组排名和得分考核。			